VIE

DE

SAINT AMÉDÉE

ÉVÊQUE DE LAUSANNE

NÉ A CHATTE EN 1110.

GRENOBLE

BARATIER ET DARDELET, IMPRIMEURS DE L'ÉVÊCHÉ.

VIE

DE

SAINT AMÉDÉE

ÉVÊQUE DE LAUSANNE

VIE

DE

SAINT AMÉDÉE

ÉVÊQUE DE LAUSANNE

NÉ A CHATTE EN 1110.

GRENOBLE
BARATIER ET DARDELET, IMPRIMEURS DE L'ÉVÊCHÉ.
—
1877

Par lettre, en date du 31 décembre 1876, l'impression de ce Livre a été autorisée.

PRÉFACE

Ce petit livre, en principe, était destiné aux anciens paroissiens de celui qui l'a écrit.

De même que saint Amédée avait composé des homélies sur la sainte Vierge, l'auteur de cette vie avait voulu y ajouter, pour ses ouailles, des réflexions dont quelques-unes pourront paraître un peu longues.

Quelques descriptions sont mêlées aussi au récit des actions de saint Amédée. Comme un tableau reçoit un certain lustre de son cadre, nous avons cru devoir donner un encadrement à l'histoire du saint Evêque en faisant la description de la plupart des lieux où il s'est trouvé, et en tirant des pieux exemples de sa vie ou de quelques faits particuliers des conclusions pratiques.

Nous avons hésité avant cette publication. Il s'en fait tant aujourd'hui, et il y en a si peu qui rencontrent des lecteurs ! Il nous souvient d'un prospectus imprimé traitant d'une bonne œuvre (1), et portant près de l'adresse cette inscription en gros caractères :
VEUILLEZ ME LIRE.

Des amis vénérés, compatriotes de saint Amédée, les uns par leurs encouragements, les autres par leurs instances, nous ont déterminé à passer outre.

Quand nous prenions des informations auprès des Révérends Pères Trappistes d'Aiguebelle (Drôme), la réponse entre autres paroles contenait celles-ci : « Je désire que ces notes écrites à la hâte puissent être utiles au but pieux que vous vous proposez. »

De Fribourg (Suisse), M. l'abbé B. écrivait de son côté : « Je rends grâces à Dieu du service qu'il m'a » fait demander... Car, propager, répandre, faire » fructifier le culte d'un saint, c'est une bonne fortune, » un vrai trésor.

---

(1) *Ce livre se vend pour une bonne œuvre.*

Des motifs ainsi exprimés ont été pour l'auteur une incitation puissante.

Ce qui était composé en grande partie, déjà, a été continué loin du pays natal du saint Evêque. Saint Amédée étant né dans le diocèse de Grenoble et sa fête s'y célébrant, ne convenait-il pas que les détails de sa pieuse existence fussent plus connus qu'ils ne l'ont été jusqu'à présent ?

INTRODUCTION

> Noster es?
> Etes-vous des nôtres?
> Josué, v, 13.

Est-on bien sûr, nous disait un ami, que saint Amédée soit né à Chatte ? Voici, à cette question, une courte réponse.

Nous avons sous les yeux les légendes propres de deux *Bréviaires;* celle des RR. PP. Trappistes d'Aiguebelle et celle du diocèse de Fribourg. L'une et l'autre commencent par ces mots : *Amedeus de Castro quod dicitur Costa prope sanctum Antonium*, etc. Telle serait la traduction : *Amédée du Château*, qu'on appelle *La Côte*, près de Saint-Antoine. Cette proximité qui n'existe pas entre la Côte-Saint-André et Saint-Antoine, nous fournit d'abord une induction toute en faveur du pays de Chatte, limitrophe du lieu de l'ancien pèlerinage.

Qui ne sait, du reste, qu'avant l'invention de l'imprimerie, beaucoup de fautes, par changements de lettres, de mots ou de parties de phrases, se glissaient dans les écrits ? Nous en prenons un premier exemple dans la *Vie des Saints,* par le P. Giry. Il s'agit de saint Dizier :

« Il fut élevé, à cause de son mérite, sur le
» siége épiscopal de *Rhodez* en Guyenne, ou de
» *Rhedon* en Bretagne, ou plutôt de *Rennes* dans
» la même contrée. Son biographe le nomme
» *Episcopus Rhodonis.* Or, au xie siècle, Marbode,
» parlant de *Rennes,* dit : *Urbs Rhedonis* (1). »

On voit, par ce court extrait, que soit le latin du temps, soit le travail inexact des copistes pouvaient être la cause de certaines confusions dans les termes.

M. l'abbé Grémaud (2) nous fournit, à cet

---

(1) *Vie des Saints,* 18 septembre. Additions du *Martyrologe de France.*

(2) *Mémoires historiques du diocèse de Lausanne.* Imprimerie Louis Piller. Fribourg.

égard, une autre preuve, et des plus frappantes ; elle concerne directement saint Amédée.

A propos de la présence comme certaine du saint Evêque à l'assemblée tenue en 1146 à Spire, on lit en note cette remarque : « On ne connaît » point d'évêques de Lausanne du nom de *Walterus ;* c'est probablement une faute de copiste ;... » nous croyons qu'au lieu de *Walterus,* il faut » lire *Amedeus.* »

La même note nous signale une autre faute :

Walterus Laussoniensis (1). » Traduisez : *Amédée de Laussonne* au lieu de : *Amédée de Lausanne.* Voici entre *Laussonne* pour *Lausanne* et *Costa* (2) (La Coste, aujourd'hui la Côte) pour *Casta* (Chaste,

---

(1) Nous lisons ailleurs : *Altare quod est ad aquilonem consecravit Hamedeus Losanniensis episcopus.*

(2) « L'orthographe n'était point fixée à cette époque (au » moyen âge). On retranchait, augmentait, transformait les » lettres d'un même nom, suivant l'idée du copiste, qui écri- » vait, du reste, avec un grand nombre de signes abréviatifs. » Ajoutons, à cela, les altérations résultant de l'ignorance ou » de l'inadvertance des écrivains, et nous comprendrons com- » bien la langue latine, chargée d'une multitude de mots » étrangers plus ou moins barbares, acheva de se corrompre

ensuite Châte (1), et actuellement Chatte) une ressemblance bien sensible.

D'ailleurs, comme nous l'a fait remarquer un vénérable et érudit confrère (2), qui a acquis sur l'histoire du Dauphiné de profondes connaissances, le château de La Côte, fief plus tard des ducs de Savoie, n'existait pas en 1110 (époque de la nais-

» par une orthographe vicieuse ou plutôt par le manque d'or-
» thographe.

» Une des transformations les plus fréquentes était celle du
» G en V ou W. Ainsi on écrivait *Garinus*, *Varinus*, *Wuarinus*,
» etc., ce qui peut se traduire par *Garin*, *Guérin*, *Varin*, *Vua-*
» *rin*; — *Wilhelmus*, *Wuillelmus*, *Villelmus* pour *Guillaume*;
» — *Wuy*, *Wuido*, *Guido* pour *Gui* ou *Guy*.

» Souvent aussi le B se changeait en V. *Bivianus* ou *Vivianus*
» que nous traduisons par *Bivian*, *Vivian*, *Vivien*.

» Nous avons éprouvé une difficulté analogue, à cause de
» l'orthographe ancienne, quand nous devions suivre la série
» des faits se rapportant à un même personnage du nom de
» Godefroi ou de Geoffroy. Ce nom, très-fréquent parmi les
» moines du moyen âge, s'écrivait Godefridus, Gofridus, Gau-
» fridus, etc., et les copistes ne se faisaient nul scrupule d'adop-
» ter tantôt une manière, tantôt une autre. »

(C. Blanchard. *Hist. de l'abbaye d'Haute-Combe.*)

(1) A Chatte, beaucoup de personnes prononcent ainsi le nom de leur pays.

(2) M. Devillat, curé de Chevrières, depuis lors décédé en avril 1875.

sance de saint Amédée). Il faut placer sa fondation au XIIIe siècle, a écrit M. Clerc-Jacquier (1).

Les *Mémoires historiques du diocèse de Lausanne* nomment, en troisième lieu, *Le Chastelard* ou *Le*

---

(1) *La Côte-Saint-André ancienne et moderne*, par l'abbé Clerc Jacquier.

C'est par erreur, dit M. Claudius Blanchard, que la plupart des biographes de saint Amédée le font naître à la Côte-Saint-André.

« La Coste Saint-André dépendait du mandement de
» Bossozel (ou Bocsozel), et on appelait du nom de Coste toute
» cette éminence aujourd'hui couuerte de vignes. Mais ce bourg
» n'en portait pas si absolument le nom comme il fait, et
» n'auoit alors que celui de Saint-André. Ce n'estoit qu'une pa-
» roisse qui n'a commencé à deuenir considérable que par les
» soins de Pierre, comte de Savoye, qui mourut l'an MCCLXVIII. »
(Nicolas Chorier, *Histoire du Dauphiné*.)

Cet important document nous semble ruiner entièrement l'hypothèse qui fait naître saint Amédée à la Côte-Saint-André. En effet, Chorier écrivait en 1661 et le nom de la Coste était en usage à cette époque. Mais, en 1258, et à plus forte raison dans les temps précédents, ce pays s'appelait simplement Saint-André. Si saint Amédée y fût né, ses historiens auraient désigné ce lieu de sa naissance par le nom qui lui était propre.

On peut donc conclure que, non-seulement le château de la Côte n'existait pas en 1110, mais encore que le nom de la Côte n'existait pas lui-même, et qu'il ne fut en usage que plus de cent ans après la mort de saint Amédée.

Châtelard, comme pouvant être le pays natal de saint Amédée. A moins de donner au bourg de Saint-Antoine des voisinages impossibles, on ne peut faire concorder cette supposition avec la légende que nous avons citée.

En admettant que le mot *castrum*, qui signifie château-fort ou citadelle, se traduise aussi par *camp* (1) ou endroit de campement, nous trouvons encore une induction en faveur de notre pays. Le nom de *Champ-de-Bataille* qu'a gardé la cime voisine du château, des débris d'armures trouvés aux environs, à ce que l'on affirme, viennent à l'appui de cette présomption qu'un camp (2) aurait existé et qu'un combat se serait livré en ces lieux (3).

---

(1) Plaute.

(2) A la rigueur, on pourrait conjecturer que, par l'altération des mots, Castra, substantif pluriel, a pu, à la longue, devenir Casta, de même que, au lieu de Chaste, on a, par la suite, écrit Chatte. Mais ne vaut-il pas mieux, cent fois, mettre de côté les conjectures, les étymologies, et nous en tenir au nom que les preux du château-fort avaient pour cri de ralliement : Chaste! Les armoiries étaient en rapport avec le cri de guerre, elles étaient... « brisées d'un lis d'or en chef. »

(*Armorial du Dauphiné*, par G. de Rivoire de la Bâtie.)

(3) Nous avons vu chez Mme veuve P., dont la maison est

Ces aperçus et ces considérations sommaires nous autorisent suffisamment à dire que saint Amédée est né à Chatte et non ailleurs.

située plus loin au-dessous, deux grandes urnes funéraires avec leurs fioles lacrymatoires. Etaient-elles là comme la conséquence d'un combat qui s'y serait livré, ou par suite du séjour des Romains, nous ne pourrions rien affirmer.

VIE DE SAINT AMÉDÉE

CHAPITRE PREMIER

> Generatio rectorum benedicetur.
> La postérité des justes sera bénie.
> (Ps. 111.)

UNE FAMILLE DE SAINTS. — AMÉDÉE D'HAUTERIVE CONDUIT A BONNEVAUX SON FILS AGÉ DE NEUF ANS.

A trois kilomètres de Saint-Marcellin, sur la pente d'une colline, s'élève un château du moyen âge. Les tours qui le surmontaient sont en partie abattues, sa chapelle a disparu, ses remparts sont presque entièrement démolis. Malgré les ravages du temps et des révolutions, l'antique habitation des seigneurs de Chatte a encore une empreinte de majesté.

Le site est des plus beaux. En face, au delà d'une plaine fertile, se dressent plusieurs montagnes. Au pied de la plus rapprochée, on aperçoit de gracieux villages. Les ruines du château des Dauphins sont assises presque vis-à-vis de celles du manoir dont nous parlons. Sur le même plan, c'est le charmant pays de Saint-Romans, avec son calvaire et la demeure de ses châtelains ; à la suite, c'est Saint-André que domine, semblable à un bloc détaché des hauteurs voisines, une ancienne construction ; plus loin, on distingue les formes massives du couvent de Saint-Just-de-Claix. Au fond, la vue s'égare sur des coteaux et des espaces verdoyants. Ce premier tableau a pour couronnement les *Balmes* du Pont-en-Royans, les sommets découpés du Veymont et d'autres cimes qui se prolongent dans le département de la Drôme.

Du côté de Saint-Marcellin, en amont de l'Isère, le paysage a un aspect qu'on pourrait appeler étrange. L'éloignement, cachant aux regards les inégalités et les vides, offre une étendue de verdure à teintes rougeâtres. Les noyers qui s'y trouvent en abondance servent, en quelque sorte, de premier étage à la riche végétation de cette contrée, et comme disait un observateur, forment une plaine aérienne.

Au nord, le regard s'arrête avec plaisir sur un vallon qui, à quelque distance, se divise en plusieurs bassins, où les prés, les vignobles, les champs cultivés semblent être enclavés dans les taillis. Les flèches des églises, (1) un vieil édifice (2) dont le lierre envahit les parois, le village de Murinais avec un grand couvent et un château aux dimensions princières, s'élèvent au milieu des vergers et des bouquets d'arbres. (3)

De fraîches prairies (4) entourent le bourg de Chatte, et les routes qui les sillonnent ressemblent aux allées d'un grand parc. Vers le château (5), au pied des remparts, quelques jardins et des plants de vignes contrastent avec les murailles en ruines, qui les entourent; ils font l'effet, lorsqu'on songe au passé, des parterres dont sont ornés les tombeaux.

Remontons le cours du temps ; par la pensée, reconstruisons ce qui est en ruines et arrivons au berceau de notre Saint. Comme nous l'avons dit, il naquit en 1110.

Amédée d'Hauterive, son père, était allié à la fa-

---

(1) Les églises de Saint-Apollinard et de Bessins.

(2) Le château de Diane de Poitiers, à Chevrières.

(3) Pour juger de cette perspective il faut, une première fois, aller à la ferme dite du Champ-de-Bataille ; une autre fois, il faut faire l'ascension de la colline sur laquelle on a érigé une chapelle à sainte Philomène.

(4) « Ne dirait-on pas des prés que ce soit un ciel semé d'étoiles en une claire nuit. » (*La Guide des pécheurs*, ch. IX, § 1.

(5) La Providence a voulu que cette portion de l'héritage de saint Amédée servît du moins d'abri à des familles indigentes, et l'ancien séjour des seigneurs d'Hauterive a pris la dénomination populaire de Château-des-Pauvres.

mille impériale d'Allemagne (1). Les historiens de saint Amédée nomment, comme étant ses parents, les empereurs Conrad, Henri (2), Frédéric. L'illustre

(1) Sa naissance était si noble, que les ayeuls ou les bisayeuls (*sic*) de Conrad, empereur, comme parle vn historien, étaient aussi les siens.   (Nicolas CHORIER. *Hist. du Dauphiné*.)

(2) Dans quelques notices sur saint Amédée, on semble nommer indistinctement comme un seul et même personnage les empereurs d'Allemagne Conrad et Henri. Il y a là confusion. Henri IV avait deux fils, Conrad et Henri. Saint Amédée était parent de l'un et de l'autre. Conrad, que Henri IV avait fait déjà nommer empereur des Romains, s'étant uni aux ennemis de son père, celui-ci le fit déposer et lui donna pour successeur son second fils Henri (1097). Ce dernier se souleva à son tour, et le malheureux Henri IV tomba entre les mains du rebelle. Il subissait ainsi le juste et ordinaire châtiment de ceux qui se révoltent contre le père commun des fidèles. La diète de Mayence le déposa en 1106. Il s'échappa de sa prison et mourut dans l'indigence, à Liége, la même année. Henri V, disons-nous, s'empara du pouvoir (1106). Il mourut en 1125. Ce fut alors qu'Amédée se rendit à Clairvaux. Henri avait suivi, à l'égard du Souverain Pontife, les errements d'Henri IV, son père. Nous ne devons donc pas être surpris de l'inquiétude qu'éprouvait le père d'Amédée, pendant que son parent tenait, sous les yeux de son cher fils, une conduite si déplorable.

Après la mort d'Henri V, la couronne impériale fut disputée par Lothaire de Saxe et Conrad de Souabe.

Conrad III, empereur d'Allemagne, fils de Frédéric, duc de Souabe et d'Agnès, sœur de l'empereur Henri V, fut élu en 1138. Frédéric Barberousse, né en 1121, époque à laquelle Amédée fut envoyé en Allemagne, obtint la couronne en 1152, à la mort de Conrad III, son oncle.

Quand à Conrad II, dit le Salique, il ne peut être cité comme

famille de Clermont-Tonnerre (1) le revendique comme étant l'un des siens. Sa mère, digne épouse de celui dont une vie austère fut suivie d'une mort précieuse devant Dieu (2), digne mère d'un saint, quitta le monde, prit l'habit de la pénitence dans le couvent de Saint-Paul-d'Izeaux, fonda l'abbaye cistercienne de Laval-Bressieux, et y termina pieusement sa carrière. Elle se nommait Pétronille (3). La suite du récit nous fera voir que le nom de sa sœur, resté

---

contemporain de saint Amédée, car il fut élu roi de Germanie en 1024 et mourut en 1039. Or, notre Saint, né en 1110, est mort en 1158.

(1) Amédée, père de notre Saint, était fils de Siboud ou Sibaud de Clermont. Les maisons de Rives et d'Hauterive auraient été des branches de celle de Clermont.

La branche de Chaste, séparée de sa tige, ne porta que ce nom pendant plusieurs siècles, plus tard, elle reprit, avec celui de Clermont, les armes entières de cette maison, brisées d'une fleur de lis d'or, comme nous l'avons déjà indiqué, d'après l'*Armorial du Dauphiné*.

(2) Quelques notices, la *Biographie du Dauphiné* entre autres, donnent à Amédée, père de notre Saint, le nom de Bienheureux.

(3) Quelques auteurs disent qu'Amédée d'Hauterive avait épousé Pétronille, sœur de Guigues VII, dauphin du Viennois; c'est très-probablement une erreur. Le biographe d'Amédée dit simplement que ce dernier était neveu de Guigues, comte d'Albon. Le premier comte d'Albon qui prit le titre de Dauphin, fut Guigues, mort en 1142 ou 1149. Son fils devint comte de Viennois, en 1155. (*Note de M. l'abbé Grémaud.*)

D'après Chorier, au contraire, la mère de saint Amédée était de la famille des Dauphins.

inconnu au monde, a été inscrit au « livre de vie de l'Agneau (1). »

Revenons au chef de la famille. Amédée d'Hauterive tenait un rang distingué parmi les seigneurs ses voisins. Voici le portrait qu'en fait son historien (2). Il était intrépide dans les combats, officier distingué, prévoyant dans les desseins, d'un visage gracieux, agréable dans les rapports, d'une taille haute et proportionnée, aimable envers les siens, terrible pour les ennemis. Malgré ces avantages, loin de se laisser séduire par la perspective d'un brillant avenir sur la terre, il prêta l'oreille au langage intérieur de la foi qui lui annonçait les « années éternelles (3). » Poursuivi continuellement par la pensée de la mort, croyant, dans ses réflexions, entendre le juge divin lui demander compte de ses actes, il résolut d'abandonner ce qu'il possédait pour se faire religieux. Il choisit l'ordre de Citeaux qui obtenait de grands succès dans les contrées voisines.

Ne se contentant pas d'avoir aperçu le port du salut, il voulut le montrer à d'autres. Il resta donc une année encore au milieu des sollicitudes d'ici-bas. Ce temps fut employé à un généreux apostolat, celui

(1) Apoc. xxi, 27.
(2) *Annales cisterc.*
(3) Ps 76.

de conquérir à Dieu des compagnons de sa pénitence (1).

Par les soins de l'archevêque de Vienne, Guy de Bourgogne, un monastère de l'ordre de Cîteaux venait d'être fondé dans le Dauphiné (1117). Rien n'était plus édifiant, dit Godescard, que la vie des religieux nouvellement arrivés. Ils employaient une grande partie du jour à labourer la terre et à couper du bois dans la forêt. Pendant leur travail, ils gardaient un silence rigoureux et s'entretenaient avec le ciel par la prière du cœur. Des herbes et des racines faisaient toute leur nourriture, encore ne mangeaient-ils qu'une fois le jour. Le temps de leur sommeil était fixé à quatre heures ; ils se levaient à minuit pour ne plus se recoucher, et restaient à l'église jusqu'au matin.

Ce fut là qu'en 1119 se présenta Amédée ; il était suivi de seize chevaliers et de son jeune fils. Tous furent admis au noviciat, si ce n'est Amédée, notre futur Saint. Encore enfant, il n'était pas à même d'embrasser un état de vie et de connaître sa vocation. On le garda cependant dans le couvent pour l'appliquer à l'étude des lettres. Après avoir sérieusement réfléchi, le noble Amédée et ses compagnons se consacrèrent au Seigneur, l'année suivante, par des vœux solennels. Ils allaient désormais ne vivre que pour Dieu seul dans la *Bonne Vallée*.

---

(1) Parmi eux, on distinguait Armand de Rives et Berlion de Moirenc.

« Cette appellation, que proposa l'archevêque fondateur, avait été adoptée par la colonie cistercienne (1). » Les dénominations des lieux de leurs retraites étaient en conformité avec les renoncements héroïques des saints pénitents de ces temps-là. *La Vallée d'Absinthe* devint *Clairvaux (Clara vallis)* ; ces terres incultes, ce point désert de la *vallée des larmes* furent la *bonne vallée (Bona vallis)* ou *Bonnevaux* (2). Les éclaircies de la contemplation dans lesquelles ils entrevoyaient les clartés du Soleil de justice, les entretiens avec le Seigneur, faisaient de cette solitude un ciel anticipé pour les nouveaux cénobites. Ainsi s'accomplissaient, à leur égard, ces paroles de Jacob : « C'est ici véritablement la porte du ciel et le lieu de Dieu (3). » Et *Lieu-Dieu* est encore aujourd'hui le nom officiel de la commune, dit l'auteur des *Actes de saint Theudère* (4).

A peu de distance est la source de la Gère. On dit, à Vienne, où cette rivière se jette dans le Rhône, qu'elle est un nouveau Pactole, et qu'elle roule de l'or par l'industrie qu'elle met en mouvement. Ces expressions amènent sous notre plume la maxime de l'Evangile : « Le royaume des cieux est semblable à un trésor caché dans un champ (5). » Ce trésor,

---

(1) *Saint Theudère et son abbaye*, par l'abbé Varnet.
(2) Entre Saint-Jean-de-Bournay et la Côte-Saint-André.
(3) *Genèse*, XVIII, 17.
(4) M. Varnet.
(5) Math. XIII, 44.

Amédée et ses amis le découvrirent sur « les bords silencieux de la Gère (1). » C'est là qu'ils trouvèrent le repos en ce monde, en attendant celui de l'éternité.

De certains couvents, il reste quelques pans de murailles, des piliers ou quelques cintres encore debout, comme à la chartreuse de Prémol ou à celle de Salette (2). « A Bonnevaux, de vieux moulins sont les seuls débris du monastère cistercien (3). » Cinq ou six saules morts s'harmonisent avec ce spectacle de destruction. Le visiteur peut résumer ce qu'il a vu de cette ancienne résidence de moines, par une citation de Jérémie : « Comment les pierres du sanctuaire ont-elles été dispersées (4) ? »

Nous venons de dire que le noble seigneur de Chaste, avait trouvé au Lieu-Dieu le repos en ce monde. Ce repos ne fut pas complet ; il fut troublé par l'ennemi du salut. L'amour paternel n'était pas éteint dans le cœur d'Amédée, et, sous le froc du religieux, il y avait un homme inquiet des progrès de son fils. Il craignait que les maîtres auxquels on

---

(1) M. Varnet.

(2) Prémol est au-dessus de Vaulnaveys. Les ruines de la chartreuse de Salette sont sur la commune de la Balme, canton de Crémieux.

(3) M. Varnet.

(4) Lament, IV, 1. — C'est M. Varnet qui répond à cette question, en partie du moins. Les derniers matériaux du monastère, dit-il, ont servi à la construction de l'église actuelle de Villeneuve-de-Marc.

l'avait confié, ne fussent ni assez soigneux ni assez capables. Dans sa tendresse, imprégnée encore des « soucis du siècle (1), » il oubliait que « le Seigneur est le maître des sciences (2), » que Salomon avait reçu de Dieu même sa sagesse (3), que « c'est le Christ qui donne la lumière (4). » C'est ce que lui disait le saint abbé Jean (5), auquel il adressait ses plaintes. « Un apprenti du Christ, répondait ce vénérable Supérieur, ne doit point être imbu des récits dangereux et menteurs des philosophes. Si le jeune élève est pur des taches du péché, l'onction du Paraclet lui en apprendra plus en un instant que mille philosophes et mille maîtres ne lui en pourraient enseigner pendant le cours de plusieurs années. »

Cette réponse de l'abbé Jean était et sera toujours vraie.

Quelques-uns voudraient, aujourd'hui, reléguer loin de l'école la religion et ses préceptes ; d'autres, de ce qui doit être la base indispensable de l'enseigne-

---

(1) II. Timoth. 11. 4.
(2) I. Rois, 11, 3.
(3) III. Rois 111, 3.
(4) Ephes. V. 14.
(5) Ce saint abbé n'était autre que saint Jean, plus tard évêque de Valence. C'est ce que porte la légende de son office.

Attirés par la renommée du monastère, plusieurs hommes distingués par leur noblesse ou leur foi y accoururent pour recevoir, des mains de Jean, l'habit religieux. Ainsi agit Pierre de Tarentaise, amenant avec lui son père et toute sa famille. Ainsi fit Amédée, conduisant son fils, et accompagné de seize amis.

ment, voudraient faire une partie plus ou moins accessoire. La raison, d'accord avec la foi, ne nous dit-elle pas que celui qui a fait l'intelligence, lui enverra aussi sa lumière d'en haut? (1) « Approchez-vous de lui et vous serez éclairés, » écrit le roi David (2). L'enfant qui prie Dieu et le consulte, recevra, comme Moïse, dans ses communications avec son Créateur, un rayonnement divin se réflétant sur ses facultés.

Oublieux de ces principes chrétiens, Amédée s'obstinait dans son opinion ; il voulait à tout prix que l'on procurât au jeune élève des connaissances scientifiques en rapport, il est vrai, avec son rang princier, mais certainement peu accommodées à son âge. Il ne goûta donc pas les raisons aussi justes que pieuses dont on se servait pour le convaincre. Succombant à la tentation, il prit son fils avec lui et se retira à Cluny (1121).

---

(1) Nous ne pouvons entreprendre ici une longue dissertation sur l'éducation. Nous ferons seulement remarquer qu'entre deux enfants à talents égaux, celui qui est plus pieux fait plus de progrès, parce que, par devoir de conscience, il est plus laborieux et plus attentif.

(2) Ps. 33.

CHAPITRE II

Afferte Domino gloriam et honorem...
Adorate Dominum in atrio sancto ejus.
Rendez au Seigneur gloire et honneur,
Adorez le Seigneur dans son saint temple.
(Ps. 28.)

LE PÈRE DU JEUNE AMÉDÉE LE RETIRE DE BONNEVAUX ET LE MÈNE A CLUNY OU IL SE FIXE LUI-MÊME. — RÉFLEXIONS A PROPOS DES MAGNIFICENCES DE CLUNY DANS LE CULTE RENDU A JÉSUS-CHRIST. — LE JEUNE AMÉDÉE EST ENVOYÉ EN ALLEMAGNE; SON PÈRE REVIENT A BONNEVAUX.

L'abbaye de Cluny, enrichie par les libéralités de Guillaume Ier, duc d'Aquitaine, (1) avait d'immenses ressources. A son arrivée dans cet opulent monastère, Amédée d'Hauterive fut entouré des plus grands

(1) Instituée par Bernon, abbé de Gigniac, avec les libéralités de Guillaume Ier, duc d'Aquitaine. (Bouillet, *Dict. univers. d'hist.*)

honneurs. On lui fit immédiatement quitter l'habit rude et pauvre de Citeaux, pour le revêtir de celui de ses nouveaux frères. La communauté, qui était fort nombreuse, vint lui exprimer combien on était flatté de recevoir un personnage d'une telle distinction. Quant au jeune Amédée, cause innocente de tout ce qui venait d'avoir lieu, il fut, quelques jours après, envoyé à la cour de l'empereur d'Allemagne, son parent. Celui-ci le reçut comme s'il eût été son propre fils, et confia le soin de ses études aux maîtres les plus habiles.

Pendant qu'à Cluny on était dans la joie, le digne abbé du Lieu-Dieu, versait des larmes sur la défection d'un fils en Jésus-Christ, devenu fugitif pour une question de vaine gloire. Il ne cessait de gémir sur son éloignement et de demander son retour à Celui dont la grâce est toute-puissante sur les cœurs. Il suppliait les religieux d'unir leurs prières à celles qu'il faisait lui-même dans cette intention. Dieu se laissa toucher par les pleurs de l'abbé de Bonnevaux et changea les pensées du déserteur, au moment où il semblait le plus devoir persévérer dans ses funestes dispositions.

A une fête solennelle, les Bénédictins étaient allés, à la fin de Tierce, se revêtir de chapes composées d'étoffes précieuses. Amédée, qui avait été mis au premier rang après l'abbé, avait aussi au chœur cette place de distinction. Il imita ce qu'il voyait faire. Mais, à ce moment, ses yeux s'ouvrirent, il sembla sortir d'un profond sommeil. Les déférences dont on usait envers sa personne, les décorations du temple, quoique pieuses et fort légitimes lui remirent en mémoire l'humble sanctuaire témoin de ses vœux, le dénûment et la simplicité de sa vie précédente. Hélas ! disait-il, raconte Ange Manrique, (1) quelle devra être un jour ma condamnation, puisque j'ai abandonné la sainte et vénérable pauvreté, à laquelle j'avais juré d'être fidèle jusqu'au dernier soupir ! Au lieu de l'étoffe grossière qui me servait d'habit, à Bonnevaux, j'ai, ici, des pelisses délicates. Contre les légumes, j'ai échangé une nourriture plus recherchée ; une boisson agréable (2) remplace le vin cuit qui suffisait à me désaltérer. Si mon juge ne me fait miséricorde, d'éternels supplices me sont réservés. Malheureux, qu'ai-je fait ! j'ai trahi les compagnons de mon combat, je les ai laissés au milieu de l'action, et je me suis enfui honteusement vaincu. Maintenant, ils soutiennent la lutte avec vaillance pour recevoir la couronne après la victoire... Il ne me reste, si la clémence de Dieu veut bien me l'accorder, que l'unique remède de la pénitence.

Devrons-nous conclure, en entendant ces plaintes, que Cluny fût un lieu où le salut était en danger? Non. Les murs qui avaient abrité saint Odon, saint

---

(1) *Annales cisterc.*
(2) *Pro leguminibus vescor sagimine, nectareaque pocula ubertim pro sapâ miscentur.*

Maïeul, saint Odilon et saint Hugues, abritaient à cette époque même Pierre le Vénérable (1). Cluny, il est vrai, s'était un peu relâché sous l'abbé précédent, dit M. Rivaux (2), et saint Bernard reprochait aux religieux de ce monastère d'avoir des bâtiments trop somptueux et une table trop peu frugale. Pierre le Vénérable y rétablit la discipline, sans affecter des austérités recherchées. Il écrivit pour justifier son ordre des reproches que lui faisait saint Bernard. Chacun des deux abbés donna à son opinion les couleurs les plus plausibles, sans toutefois se persuader réciproquement. Il se peut, du reste, qu'on ait eu pour Amédée d'Hauterive, à cause de son rang dans le monde, des attentions particulières, et que les douceurs mentionnées dans ses plaintes lui aient été personnelles.

La grande piété des Bénédictins, envers l'Eucharistie, leur suggérait dans les cérémonies le déploiement des magnificences dont avait été étonné le Cistercien de Bonnevaux.

Il arrive à des personnes de peu de foi ou d'une foi peu éclairée, en tout cas peu généreuse, d'émettre à ce sujet la parole que l'on entendit dans la maison de Simon le lépreux (3) : « A quoi bon cette perte?

---

(1) Pierre le Vénérable, dit Feller, après avoir gouverné sagement son monastère, fit une sainte mort.

(2) *Cours d'histoire ecclésiastique*, par un directeur de grand séminaire (Grenoble.)

(3) S. Math. XXVI. S. Marc. XIV.

Cela aurait pu être donné aux pauvres. — Celle qui a répandu sur moi un vase de parfums précieux, a fait une bonne œuvre, répondit Jésus-Christ ; elle l'a fait pour ma sépulture. » Les richesses et les pompes déployées dans nos temples, ne sont-elles pas un hommage rendu à Jésus-Christ, notre souverain Maître, enseveli et caché pour nos sens dans la sainte Hostie? Ne devons-nous pas ériger un glorieux sépulcre (1) au Dieu immolé sans cesse pour nous et toujours vivant (2).

On sent la piété française amoindrie, son culte rapetissé, quand on parcourt l'Italie. Les peuples de ces belles contrées avaient su traiter en monarque du monde, l'hôte trois fois saint de nos tabernacles, et lui ériger des palais dignes, autant qu'il était en eux, de sa majesté divine.

On est saisi d'admiration, en foulant un pavé de marbre, à dessins élégants, en voyant des colonnes ou des piliers en marbre, des tableaux en mosaïque, comme à Notre-Dame de Lorette ; des mosaïques dorées, comme à Saint-Marc, de Venise; d'énormes portes de bronze, avec l'histoire des deux Testaments en relief, comme au baptistère de Florence ; de hauts chandeliers en argent, ainsi qu'on en aperçoit à Padoue. Les voûtes resplendissent de dorures, les coupoles sont ornées de fresques. A l'église de Saint-Pierre, de Rome, cette reine des basiliques, les

---

(1) Isaïe, xi, 10.
(2) Séquence du jour de Pâques : *Sepulchrum Christi viventis.*

peintures et les sculptures sont en telle quantité, que l'on éprouve, au spectacle de tant de merveilles, une espèce d'éblouissement. Au dehors, les dômes annoncent par leurs proportions la grandeur de Celui dont ils sont les pavillons (1). Parfois, ainsi qu'à la cathédrale de Florence, les murs ont des revêtements de marbre (2).

Les hommes qui avaient présidé à l'érection de ces monuments, s'étaient souvenus des ordres donnés par Dieu pour la construction de l'arche. Vous la couvrirez, dit le Seigneur, de lames d'un or très-pur, en dedans et en dehors (3). Par prescription divine, l'autel des parfums était couvert aussi d'un or très-pur et entouré d'une couronne du même métal.

Cette digression déjà trop longue, ne nous permet pas de donner la description du temple de Salomon où tout était couvert d'or, même le pavé (4); où abondaient, en outre, l'argent, l'airain, les bois précieux (5). Le Maître tout-puissant du monde fit pa-

---

(1) Entre autres merveilles, le dôme de Milan, avec ses flèches élancées, ses clochetons, ses niches, ses balustrades, fait, à celui qui le parcourt, l'effet surprenant d'un bosquet en sculpture.

(2) En voyant dans l'église de Santa Maria della Salute (de la Santé), et dans celle des Frari, à Venise, un si grand nombre de groupes sculptés, en marbre, un ami nous disait que si un seul de ces chefs-d'œuvre se trouvait dans une église de nos campagnes, en France, on viendrait de fort loin pour le contempler.

(3) Exode. xxv, 10, 11, etc.
(4) III. Rois, vi, 22, 30.
(5) I. Paralip. v.

raître, par un prodige, qu'il agréait ce qu'on avait fait en son honneur. Est-il donc croyable, disait Salomon, que Dieu habite parmi les hommes sur la terre? Comment se fût-il exprimé, s'il avait joui du bonheur dont jouissent les populations catholiques, celui de la présence réelle de Jésus-Christ?

Quant aux ornements dont se servent nos pontifes et les prêtres, ils sont loin d'égaler en prix ceux de l'ancienne loi, dans lesquels l'or s'alliait aux tissus les plus précieux.

Ces réflexions sont à l'adresse des personnes qui, imbues, sans le savoir peut-être, d'un esprit protestant, trouvent que c'est bien assez pour Celui qui réside dans nos hameaux par la sainte Eucharistie, d'un abri plus ou moins semblable à l'étable de Bethléem, et que les prêtres peuvent, pour les cérémonies, se contenter de quelques lambeaux d'étoffes, pareils à celui dont on couvrit le Sauveur pendant sa Passion.

Il vaudrait mieux, dit-on, donner aux pauvres; qu'on se rassure! La charité a deux objets : Dieu et le prochain. Les bienfaiteurs des églises sont aussi les bienfaiteurs des pauvres ; les prêtres savent cela par expérience. Quant aux prêtres eux-mêmes, leur modique budget se divise en deux colonnes : leur église et les pauvres (1).

Tel était l'emploi que les Bénédictins faisaient de leurs richesses. Pendant plusieurs siècles, dit M. Le-

---

(1) Cette pensée a été fort bien exprimée par la conférence ecclésiastique de Notre-Dame de Grenoble, 1873.

normant (1), les religieux de cet ordre avaient nourri l'Europe. Leur amour pour Jésus-Christ leur fit élever à Cluny une basilique qui fut l'expression de la puissance monastique parvenue à son apogée.

A l'endroit (2) où était l'entrée principale de l'abbaye, quand on a franchi la belle porte romane à double arceau, construite au xie siècle, on se trouve dans l'axe de l'église de Saint-Pierre. Il faut alors porter les regards jusqu'au delà des bâtiments qui terminent la rue, pour avoir une idée des proportions de cette église. Elle s'ouvrait entre les deux tours carrées dont on voit encore la base ; elle se composait de deux parties : d'un vestibule fermé, à trois nefs, construit seulement au commencement du xiiie siècle, et de l'église proprement dite, bâtie par saint Hugues. Elle avait la forme d'une croix archiépiscopale, avec cinq nefs et cinq clochers. La longueur totale de l'église abbatiale était de cent soixante et onze mètres en œuvre (celle de Saint-Pierre de Rome est de cent quatre-vingt-trois). Il ne reste plus aujourd'hui de ce vaste monument que quelques fragments de colonnes et quelques chapiteaux conservés au musée de la ville. On voit également quelques débris du mur d'enceinte, cachés parmi les bâtiments de l'école normale.

La position pittoresque de Cluny, dans la jolie vallée de la Grosne, au milieu des prairies qui ont

---

(1) *Cours d'hist. ecclés.*, par un directeur de séminaire.
(2) *Cluny, notice sur la ville et l'abbaye*, par A. Penjon.

remplacé, au nord et au midi, les étangs des moines, en face de ces collines boisées dont les ondulations encadrent si gracieusement l'horizon, suffirait déjà pour attirer et charmer les visiteurs. Mais ce sont surtout les restes de la célèbre abbaye bénédictine que l'on va voir à Cluny. Les remparts couverts de lierre et de mousse, les tours, et, dominant tout le reste, le grand clocher de l'église abbatiale s'harmonisent avec ce calme paysage, et font, de loin, l'impression d'une ville du moyen âge, qui se serait conservée jusqu'à nos jours (1).

Représentons-nous l'abbaye comme elle était au temps de sa splendeur; parcourons les cloîtres et supposons que les religieux les animent par leur présence. Dans le cours de l'an 1121, parmi ceux qui habitaient le monastère, se trouvait un personnage dont les nobles traits portaient l'empreinte de la tristesse. C'était Amédée d'Hauterive. Une nostalgie pieuse s'était emparée de lui. Les premières impressions de son renoncement au monde avaient été si fortes, elles avaient si bien concordé avec les privations qu'on a à subir dans un couvent nouvellement fondé, qu'il se trouvait à Cluny comme en exil. Il ne songeait plus qu'à Bonnevaux, sa patrie en religion. Pour « combattre le bon combat (2), » il se trouvait (sauf les réserves que nous avons faites) comme David, embarrassé par les armes du roi Saül.

(1) A. Penjon. *Abbaye du Cluny.*
(2) II. Timothée, IV, 7.

Pressé par le cri de sa conscience, il demanda à l'abbé Ponce (1) l'autorisation de retourner au Lieu-Dieu ; elle lui fut accordée. Amédée avait passé cinq ou six mois à Cluny.

De retour à Bonnevaux, le Cistercien fugitif se soumit aux humiliations et aux pénitences prescrites par la règle, contre la faute dont il s'était rendu coupable ; et, depuis ce jour, par la pratique constante des plus héroïques vertus, il fut pour tous ses frères un sujet d'édification. Il avait demandé comme une grâce, dit Godescard (2), d'être employé aux plus bas offices de la maison. Ce qu'il souhaitait lui fut accordé. Le comte d'Albon, son oncle, l'étant allé voir un jour, le trouva tout en sueur, occupé à nettoyer les souliers des moines, et si fortement appliqué à la prière qu'il ne fut point aperçu de lui. La comparaison qu'il fit de ce spectacle avec l'état que son neveu avait eu dans le monde, le toucha de la manière la plus vive. Il quitta Bonnevaux, pénétré d'admiration, et alla publier à la cour le prodige d'humilité qui s'était offert à ses yeux.

Tout en pleurant son péché, Amédée ne perdait

---

(1) L'histoire désignant comme abbé de Cluny, en 1121, Pierre le Vénérable, et Amédée d'Hauterive, n'ayant passé que cinq ou six mois dans cette résidence, il faut supposer qu'il y était arrivé au commencement de l'année, pour en repartir vers le milieu, et qu'à ce moment Pierre le Vénérable fut élevé à la première dignité du monastère, ou bien admettre que le nom de Ponce a été écrit par erreur.

(2) *Vie de saint Pierre de Tarentaise*, 18 Mai.

point le souvenir de celui qu'il avait aimé trop humainement. Dieu paraissait le châtier par les peines dont il avait été l'occasion pour son vénérable Supérieur.

Son fils, jeté dans un âge peu avancé au milieu de l'éclat et des dangers d'une cour impériale, le tenait dans une vive inquiétude. Il ne cessait de prier pour son retour.

La destinée du jeune gentilhomme semblait l'appeler à la carrière militaire, et l'on suppose (1) qu'il accompagna dans quelques expéditions l'empereur d'Allemagne (2); mais le ciel avait sur lui d'autres desseins. La pensée de la mort avait déterminé son père à renoncer au monde, la même pensée lui fit prendre une résolution semblable. Le décès de l'empereur Henri V (3), son parent, lui ouvrit les yeux. Il comprit le néant des choses terrestres, abandonna la cour dans laquelle il avait vécu pendant quatre ans et se rendit à Clairvaux pour se faire, sous la direction de saint Bernard, l'humble disciple du Dieu crucifié (1125).

(1) *Biographie du Dauphiné.*

(2) D'après Guy Allard, il n'y a pas supposition : Amédée d'Hauterive fit quelques campagnes, et donna des preuves de sa bravoure *(Hist. du Dauphiné)*. Nous pourrons ajouter comme épithète, le mot : précoce.

(3) Par cette mort, se termina la maison de Franconie et la prétention des Allemands au nom de Francs ou de Français *(Sismondi)*. — Note de M. Blanchard *(Hist. de l'abb. d'Haute-Combe)*.

CHAPITRE III

> Quam pulchra tabernacula tua Jacob, et tentoria tua Israël !
>
> Que vos pavillons sont beaux, ô Jacob ! que vos tentes sont belles, ô Israël !
>
> (*Nombres*, XXIV, 5.)

SAINT AMÉDÉE, RELIGIEUX DE CLAIRVAUX, EST ENSUITE NOMMÉ ABBÉ D'HAUTE-COMBE. — EMPLACEMENT PRIMITIF DU MONASTÈRE. — CONSIDÉRATIONS SUR L'HARMONIE ENTRE LA VIE RELIGIEUSE ET LES SITES CHOISIS PAR LES MOINES.

Une station de la ligne de Troyes à Chaumont, distante de vingt-huit kilomètres de cette dernière ville, porte le nom de Clairvaux. A vingt minutes de la station, à droite du voyageur qui regarde la vallée sillonnée par l'Aube, une autre vallée plus resserrée vient se souder à la première ; c'est celle qu'a immortalisée saint Bernard. Son entrée est gardée par de vastes constructions, témoignant encore aujourd'hui de l'ancienne prospérité de l'abbaye. Elles se composent de deux corps de bâtiments carrés, ayant chacun une cour intérieure, et de quelques autres édifices moins importants qui en dépendent. Des cours ou promenades spacieuses, des jardins étendus les entourent et, s'élevant jusque sur le sommet d'un des versants de la gorge, limitent cet enclos dont le pourtour est de mille neuf cent cinquante mètres. Outre les bâtiments actuels, on voyait encore, dans les premières années de ce siècle, une magnifique église, dont la destruction eut lieu, en 1803, par l'ordre d'un architecte qui encourut pour cela les colères de Napoléon Ier. Elle était couverte en plomb, ainsi que les autres bâtiments.

A la Révolution française, il n'y avait à Clairvaux que quarante moines et vingt frères convers. La communauté avait encore sous sa dépendance, tant en France qu'à l'étranger, quatre-vingt-six abbayes, soit d'hommes, soit de filles, et deux prieurés titulaires.

Aujourd'hui, Clairvaux est converti en une maison centrale de détention, où plus de mille condamnés fabriquent des étoffes (1).

Dans le même enclos, mais plus enfoncée dans le vallon, avait été construite, du vivant même de saint

---

(1) Bachelet, *Dictionnaire de Biographie et d'Histoire*.

Bernard, une seconde maison appelée le *Petit-Clairvaux*. Il n'en reste que la chapelle et quelques fragments noyés dans des constructions postérieures qui servent au logement des employés.

On ne devra point quitter cette localité sans remonter plus haut, dans la *Vallée-d'Absinthe*, et faire une excursion à la fontaine de Saint-Bernard. Une route courant au pied des deux collines vous y conduit en quinze minutes. C'est sur l'emplacement qui entoure cette source qu'en 1115, Bernard et ses douze pieux compagnons vinrent bâtir leurs humbles cellules. Cette partie du sol, à peu près plane, est fermée par une troisième colline coupant à angles droits les deux versants du vallon. Au fond de ce triangle de collines, l'on n'aperçoit encore aujourd'hui que des chênes et des hêtres, et l'on n'entend que le bruit de la cognée du bûcheron. C'est bien la véritable solitude monastique, l'asile du recueillement et de la prière. Rien n'est demeuré des travaux sortis des mains de saint Bernard et de sa pieuse colonie ; ils travaillaient pour le ciel, et ne cherchaient point à laisser sur le sol les traces matérielles de leur passage. De ce sol, néanmoins, jaillit toujours la source qui servait à la communauté ; elle a été recouverte, il y a quelques années, d'une maçonnerie en forme d'oratoire et une croix la domine. Deux bancs de bois permettent à l'explorateur de s'arrêter pour mieux recueillir ses souvenirs ; et, s'il sait voir dans le dévouement et le sacrifice le secret de toute œuvre grande et durable, et dans la vie religieuse, telle que l'a pratiquée saint Bernard, la plus grande transfiguration morale que l'homme puisse subir ici-bas, il quittera ces lieux l'âme exaltée et ravie.

Les religieux de Clairvaux avaient l'habitude d'aller tous les ans, après Pâques, à la fontaine de Saint-Bernard. Arrivés là, ils chantaient un répons..., mettaient chacun au pied de la grande croix, plantée auprès de la source, une petite croix de bois fabriquée par eux ; ensuite ils buvaient avec la main de l'eau de cette fontaine, qui passait pour avoir été obtenue miraculeusement du ciel par le saint Abbé (1).

C'est dans les lieux qui viennent d'être décrits qu'en 1125, avons-nous dit, un jeune courtisan de l'empereur d'Allemagne, venant se jeter aux genoux de saint Bernard, demandait à échanger contre le froc d'un moine les vêtements recherchés qu'il portait dans le monde.

Amédée, le fils, jeune homme d'un excellent naturel, dit son historien, instruit dans les lettres divines et humaines, fut attiré sous le joug du Seigneur par les ferventes prières de son père. Saint Bernard le reçut avec une joie mêlée d'admiration et de respect. Admis au noviciat, il se mit à l'œuvre avec le plus grand courage.

(1) A part quelques mots, cette description est extraite de l'*Histoire de l'abbaye d'Haute-Combe*, par M. Blanchard.

Dieu récompensa la générosité avec laquelle notre Saint avait renoncé au siècle, en lui accordant au centuple les biens spirituels. Le fervent Cistercien fit de si rapides progrès dans la perfection monastique, que bientôt il s'acquit une grande réputation par ses vertus et son savoir. Aussi, n'ayant pas encore atteint sa trentième année, il fut jugé digne d'être mis à la tête d'une communauté pour la guider dans l'accomplissement des pratiques religieuses.

Le monastère d'*Haute-Combe* (1), fondé par Humbert, duc de Savoie, sur les bords du lac du Bourget, dans le diocèse de Genève, se trouvait dépourvu de supérieur. La rudesse des habitants de ces parages, le peu d'étendue des terrains occupés par la colonie, avaient déconcerté le premier abbé. Parvenu à l'âge où l'énergie s'affaisse, où l'on aspire après le calme, Vivian s'était démis de ses fonctions pour retrouver, à Clairvaux, auprès de saint Bernard, le repos qu'il souhaitait. Saint Bernard, pour remplacer son ancien ami, fit choix du jeune profès Amédée, plein de sainteté et de doctrine, et doué d'une vigueur capable de résister aux difficultés qu'avait à surmonter

---

(1) Anciennement, paraît-il, d'après plusieurs ouvrages, on écrivait de Haute-Combe. Mais celui qui a écrit à Chambéry l'histoire de l'abbaye, a adopté la prononciation actuelle et locale.

Dans la vallée de Graisivaudan, on prononce l'Haut-du-Seuil (montagne au-dessus de Saint-Bernard, canton du Touvet).

le couvent. Cette nomination, faite du consentement et à la demande des Pères de Clairvaux, combla les vœux de la maison naissante des bords du Bourget. Elle avait exprimé le désir d'avoir notre Saint pour la diriger.

Suivons saint Amédée à Haute-Combe. Ce nom n'est point conforme, il s'en faut, à la situation de l'abbaye, et on pourrait plutôt, d'après l'inspection des lieux, lui donner la dénomination de Basse-Combe. « Mais, si, guidés par le sens de cette vieille locution (1), nous consultons la tradition locale, nous apprendrons » que le monastère, à son origine, était placé de manière à réaliser son appellation. Comme les premières cellules de la Grande-Chartreuse avoisinaient le roc sur lequel est bâtie la chapelle de Saint-Bruno, ainsi les premières cellules d'Haute-Combe étaient placées en un lieu plus éloigné du lac et d'un aspect différent. Nous citons l'historien de l'abbaye :

« L'an 1101, quelques hommes animés de l'esprit
» de Dieu, désirant embrasser la vie érémitique,
» arrivèrent à un lieu plein d'horreur et de solitude,
» appelé Haute-Combe. Là, ils bâtirent un oratoire
» et menèrent une vie sainte et solitaire jusqu'à la
» fin de l'année 1125 du Seigneur, où, suivant les
» conseils de saint Bernard, qui alors passait dans
» cette direction, et à cause d'une lumière qui, pen-
» dant la nuit, se rendait de l'ancien monastère, au

(1) Haute vallée.

» lieu appelé Charaïa, situé de l'autre côté du lac du
» Bourget, ils se transférèrent sur cette rive, et
» l'appelèrent Haute-Combe, nom du lieu qu'ils ve-
» naient d'abandonner.

» L'histoire de beaucoup de monastères commence
» ainsi, par une pieuse légende. De Montalembert,
» en rapporte plusieurs dans son grand ouvrage
» sur les Moines d'Occident, et ajoute : La dignité de
» l'histoire n'a rien a perdre aux récits et aux pieu-
» ses croyances qu'ils entretenaient. Ecrite par un
» chrétien et pour des chrétiens, l'histoire se men-
» tirait à elle-même, si elle affectait de nier ou d'i-
» gnorer l'intervention surnaturelle de la Providence
» dans la vie des saints choisis par Dieu pour garder,
» pour consoler, pour édifier le peuple chrétien.

» Où était situé l'ancien monastère? Bien qu'aucun
» vestige n'en reste encore debout, il est facile d'en
» indiquer l'emplacement avec certitude et préci-
» sion. Que le lecteur veuille bien nous y accompa-
» gner.

» Laissons derrière nous l'abbaye, traversons le
» lac presque en ligne droite et rejoignons l'autre
» rive, près de l'ancienne ruine de Salière... Puis,
» gravissant la montagne, couverte de vignobles
» luxuriants, par un couloir souvent appelé à rouler
» des eaux torrentueuses et implacables, nous arri-
» verons, après une petite heure de marche, au pied
» de la corniche de rocs nus qui bordent l'horizon.
» C'est là, que nous sortons de la vallée du lac par

» un étroit défilé appelé Col de la Chambotte... Le
» premier village que nous rencontrons est le hameau
» supérieur de la commune de Saint-Germain. De
» là, tournant à gauche, nous verrons bientôt briller,
» à trois kilomètres environ, la croix de l'église de
» Cessens... Nous avons quitté l'église de Cessens,
» depuis vingt minutes et nous atteignons à une bi-
» furcation de notre route. Une de ses branches,
» plus resserrée, côtoie la montagne à l'ouest, et va
» rejoindre le village des Topis ; l'autre, gardant le
» fond du vallon, se prolonge par le village des
» Granges, jusqu'à Rumilly. Entre ces deux chemins
» s'étend un plateau légèremeut tourmenté, d'une
» superficie d'environ deux hectares, et appelé le
» plateau du *Paquinot*. Là, s'élevait l'ancien monas-
» tère d'Haute-Combe... Même aujourd'hui, quand
» un soleil trop ardent dessèche les cultures, on
» peut suivre dans les champs de blé la direction
» des anciens murs. Des lignes d'épis pâles et étio-
» lés indiquent que là subsistent encore des maté-
» riaux enfouis, il y a bientôt neuf siècles, par de
» pieux cénobites (1). »

D'après une ancienne chronique, dont fait mention le même historien de l'abbaye, saint Bernard, de l'année 1123 à 1125, passa par ces lieux, visita les moines de Cessens et les détermina à se transférer sur le rivage opposé du lac, au pied du mont du Chat.

Ce coin de terre devait être sanctifié par les ver-

(1) C. Blanchard.

tus de notre Saint. Chargé du titre d'abbé ou de Père, il en revêtit toutes les qualités, celle en particulier d'un dévouement à toute épreuve.

L'indigence d'un couvent composé de quelques pauvres huttes, la stérilité du terrain et toutes les sollicitudes inhérentes à une maison nouvellement fondée, ne purent rien contre la force d'âme et la paix sereine du nouveau chef.

Amédée d'Hauterive, que nous avons laissé au Lieu-Dieu, heureux d'apprendre la distinction dont saint Bernard avait, de préférence à d'autres religieux plus expérimentés, honoré un fils doublement chéri, demanda et obtint la permission de le visiter. Ce vénérable gentilhomme trouva une communauté menacée de destruction avant son établissement, obligée de subsister sur une parcelle de terre resserrée entre une montagne et un lac, n'ayant de communications avec les autres monastères que par eau ou par d'étroits sentiers à travers les bois et les broussailles. Il fut témoin de l'enlèvement des récoltes par des habitants grossiers et pillards. Je crois, mon fils, dit-il à l'abbé, que votre communauté ne peut rester ici, cherchez un autre pays, ou retournez à Clairvaux. Car, après que par un travail de tous les jours, cette terre peu productive vous aura donné quelques fruits, des voisins rapaces s'en empareront. L'abbé d'Haute-Combe, digne disciple de saint Bernard, lui fit cette réponse : Mon père, si ces gens-là nous enlèvent les biens temporels, ils ne peuvent nous enlever les biens éternels, que nous procurent nos labeurs ; et, puisque c'est à ces biens éternels que nous aspirons, nous ne pourrons rencontrer des lieux ou des voisins plus favorables à notre entreprise. C'était là un commentaire pratique de la parole du divin Maître : « Faites-vous des trésors dans le ciel où il n'y a point de voleurs qui les déterrent ni qui les enlèvent. » Une telle réplique étonna agréablement le vieillard. Il comprit que son fils était conduit par Dieu même. Étant venu dans l'intention de l'aider de ses conseils, il voulut au contraire le consulter, et profiter de ses lumières dans la science du salut. Après avoir séjourné quelque temps à Haute-Combe, il ne repartit pour Bonnevaux que muni de la bénédiction de son cher fils.

Dieu bénit l'administration du jeune abbé. Bientôt on vit se réaliser dans son monastère la promesse faite par Jésus-Christ : « Cherchez le royaume de Dieu et sa justice, et le reste vous sera donné par surcroît. (2). » Les biens temporels vinrent avec les bénédictions célestes accordées au Supérieur et à ceux dont il était le guide. En même temps les novices furent très-nombreux et, si l'on en croit la tradition (3), il y aurait eu à Haute-Combe, du temps de saint Bernard, jusqu'à deux cents moines.

---

(1) S. Math., vi, 20.
(2) S. Math., 31.
(3) *Histoire de l'abbaye d'Haute-Combe*, par M. Blanchard.

Saint Amédée avait voulu tout d'abord, paraît-il, rendre régulière la possession des terres occupées par les religieux du Bourget. Il demanda au comte Amédée III la confirmation de leurs titres de propriété.

« Tel fut, vraisemblablement, dit M. Blanchard, le
» motif qui amena le pieux comte de Savoie à signer
» cette charte que l'on regarde comme la charte de
» fondation de l'abbaye d'Haute-Combe, bien qu'elle
» ne fît que confirmer un état de choses préexis-
» tant. » En voici le texte :

« Moi, Amédée, comte de Savoie, avec le suffrage
» de mon épouse, je donne à Dieu, à la bienheureuse
» Marie, à Amédée, abbé d'Haute-Combe, et à ses
» frères du même lieu, tant présents que futurs, sans
» aucune restriction frauduleuse, la terre allodiale
» que j'ai ou que j'ai le droit d'avoir, sur la rive du
» lac de Châtillon, comprenant prés, champs, arbres
» fructifères et infructifères, etc., appelée autrefois
» Charaïa et Exendilles et actuellement Haute-Combe.
» Les autres possesseurs de droits sur cette terre, les
» ont abandonnés aux frères susdits et ont signé le
» présent acte pour confirmer cet abandon. Si, par
» hasard, quelqu'un de nos héritiers ou toute autre
» personne venait à attaquer cette donation et tentait
» de la violer de quelque manière que ce soit, qu'il
» soit maudit, et, de même qu'Adam fut chassé du
» paradis pour avoir désobéi au Seigneur, qu'il soit
» retranché de la société des fidèles... et qu'ainsi

» cette donation reste incommutable jusqu'à la fin
» des siècles. »

Saint Bernard fit paraître combien il avait à l'égard d'Amédée, son disciple, d'estime et de confiance, en lui donnant par lettre une mission délicate. Il s'agissait d'excuser l'abbé de Clairvaux, par l'entremise d'Amédée, son père, ou de quelque autre messager discret, auprès de Roger Ier, roi de Sicile. Celui-ci demandait deux religieux pour fonder un monastère dans ses Etats. Il fallait lui faire entrevoir le danger qu'il y avait pour deux frères de l'Ordre, à se trouver séparés et indépendants, loin de leurs Supérieurs ; que si le monarque désirait une communauté, les membres en étaient désignés et partiraient au premier signe de sa volonté royale. Le frère choisi par Amédée devait donner cette réponse au roi, à Montpellier, où il était attendu.

Saint Amédée, par ses vertus, sa science, son talent d'organisation, avait acquis une grande renommée ; on l'appelait le Sage de la Savoie (1). Il s'occupait activement à maintenir l'ordre et la paix dans son monastère. Forcé, dit Guy Allard, d'accepter malgré ses répugnances le titre d'abbé d'Haute-Combe, il fut obligé aussi de quitter son abbaye, au moment où il commençait à jouir de ses soins à y fixer la discipline.

Avant d'aller plus loin dans le récit des actions de notre Saint, revenons au texte placé au commence-

(1) L'Allobroge *(Revue scientifique)*, 1841.

ment de ce chapitre : « que vos pavillons sont beaux, ô Jacob ! que vos tentes sont belles, ô Israël ! »

Bernardin de Saint-Pierre a écrit les harmonies de la nature, on aurait pu écrire aussi les harmonies de la vie religieuse, harmonies entre la vie spirituelle et le site terrestre.

Les religieux, placés par leurs pénitences aux premiers rangs de l'Eglise militante, mettaient en action cette parole de Job : « La vie de l'homme est un combat. » Telle est l'idée que rappellent certains monastères parmi ceux que nous avons vus.

Outre qu'à Haute-Combe les barques à voiles blanches qui sillonnent le lac représentent notre passage de si peu de temps ici-bas, la situation de l'abbaye entre cette étendue d'eau et une montagne, forme une sorte de camp fortifié.

Si, en quelques pays, l'histoire signale l'existence d'anciens camps romains, l'Eglise peut signaler aussi des endroits où les hommes de la prière avaient posé leurs tentes. L'irréligion, heureusement, ne les a pas chassés de tous les lieux qu'ils avaient choisis. C'étaient, en général, des espèces de retranchements dont les rochers ou les collines dessinaient les contours. Les pins aux teintes sombres, les hêtres touffus ou les chênes ornaient de leurs « draperies de verdure (1), » ces forteresses de la piété. Nous avons pu en juger par la topographie de Clairvaux ;

(1) Chateaubriand.

ce séjour présentait l'aspect auquel nous faisons allusion.

Mais, s'il est un monastère qui fasse naître la pensée que nous insinuons ici, c'est bien celui de la Grande-Chartreuse, avec ses remparts naturels, avec son désert, où les sapins sur les pics des rochers, s'élèvent dans le fond bleu du firmament, comme des emblèmes de la prière qui monte vers le ciel.

L'abbaye de Saint-Chef et, tout près de Chatte, celle de Saint-Antoine avaient des collines pour les enclore. Ailleurs, la maison de la prière était où est actuellement comme une ville placée sur la montagne (1). Nous avons aperçu dans le Piémont les ruines de l'ancienne abbaye de Saint-Michel ; elle présente de loin l'aspect d'un fort. Ses pieux habitants s'y étaient, en effet, abrités par l'isolement contre les sollicitudes du siècle.

Souvent, quoique moins haut placés, les couvents dominaient les vallées et les plaines. Les eaux qui passaient non loin de leurs demeures, rappelaient aux cénobites la parole qui fut adressée à David : « Nous passons sur la terre comme des eaux qui ne reviennent plus (2). »

En certains lieux, la religieuse enceinte ne formant qu'un demi-cercle, laissait une perspective sur le théâtre du monde, comme pour jeter sur lui un

(1) Saint Math., v. 14.
(2) II. Rois xiv.

regard de compassion. Telle est la situation de la Chartreuse de Chalais, occupée aujourd'hui par les PP. Dominicains.

En d'autres endroits, le monastère est dans un berceau de verdure, au milieu des bienfaits du Créateur. Ainsi est placé le grand couvent d'Ensiedeln (canton de Schwitz).

Fondée récemment, la maison des Trappistes, à une heure de Roybon, est dans un enfoncement, dont des pentes couvertes de gazon et de bruyère constituent l'enclos. Dans ce site, les ondulations des collines, semblables à des vagues gigantesques, le nom de champs des orages (1) donné aux espaces d'alentour, font penser à l'agitation du monde et à la paix du cloître. Les enfants de saint Bernard, frères de saint Amédée, ont fui les tempêtes pour trouver le calme sur les bords de la Galaure (2).

Sous un ciel plus lumineux, ressortant avec ses murailles noircies par le temps, sur une verdure plus éclatante que celle de nos contrées, la résidence

---

(1) Chambarans ou Chambaurans, *campus aurarum*. Cette étymologie a été indiquée par la *Semaine religieuse* de notre diocèse, au moment où les RR. PP. Trappistes s'établissaient dans ces lieux, à l'appel de Mgr Ginoulhiac. Sans rejeter celle de M. Nortet, Chambarans, *campus arandus* ou Chambarens, champ bon à ren (rien), nous regardons la nôtre comme tout aussi acceptable.

(2) En dessous des murs du monastère, passe un confluent de cette rivière, la Galaurette.

sanctifiée par saint François d'Assise apparaît au pèlerin, ainsi qu'une citadelle antique.

Par l'association des souvenirs, cette similitude nous transporte au désert des Ecouges (1). Ce nom viendrait du latin altéré, *excubiæ*, les veilles, ou bien *excubare*, faire le guet, être en faction (2). L'étymologie ne serait pas certaine, qu'elle n'exprimerait pas moins avec fidélité et concision le genre de vie des moines. Ils accomplissaient, à la lettre, la recommandation faite par Jésus-Christ : « Veillez et priez. »

D'autres maisons religieuses étaient au milieu même des champs, parmi les productions de la terre. Telle est la magnifique Chartreuse de Pavie; telle l'Abbaye dans la plaine de Grenoble, près du faubourg Très-Cloîtres ; telle encore la charmante Abbayette (petite abbaye) du Touvet, dans les vignes. Ces saintes demeures étaient pour les laboureurs chrétiens ce que sont les croix sur les grands chemins, elles rappelaient les choses d'en haut.

Enfin, dans l'enceinte même des villes, comme à Grenoble, autrefois, les religieux par leur conduite, par leur seule présence, par la cloche de leurs cha-

---

(1) Cette ancienne chartreuse est aujourd'hui la propriété de M. P. Ch. d'H., de Chatte.

(2) Pour plus de ressemblance, aux Ecouges, parmi les rochers aux formes bizarres, on croit voir figurer des sortes de bastions. Ailleurs, on voit des meurtrières colossales. Les sentinelles n'y sont plus, c'étaient les Chartreux.

pelles, disaient aux hommes oublieux de leurs destinées : « N'endurcissez pas vos cœurs. »

Que faisaient les religieux? D'abord, ils priaient et servaient ainsi de paratonnerre à la société ; ils étaient les conservateurs de la science, par le travail de l'esprit ; les compagnons et les modèles des agriculteurs, par le travail des mains. Ils passaient comme Jésus-Christ en faisant le bien (1). Les Cisterciens de Clairvaux, quelque temps après leur établissement, nourrissaient habituellement une foule de pauvres, et dans une grande famine, ils en adoptèrent jusqu'à trois mille (2).

Près de nous, les Pères Chartreux guérissent la foi languissante des populations en donnant, pour la construction des églises, des sommes considérables, et par leurs aumônes ils secourent les misères corporelles (3).

---

(1) Actes des Apôtres, x. 38.
(2) *Histoire ecclés.*, par M. Rivaux.
(3) Le Propre du diocèse de Grenoble renferme, à la fête de saint Bruno, 6 octobre, une belle hymne, dont voici la première strophe :

> O pulchras acies castraque fortum
> Quæ spes, una fides, unus amor regit,
> Omnes lege sub unâ
> Uno sub duce militant.

O belles légions ! camps des vaillants soldats,
Que l'amour et la foi, que la même espérance,
Sous une même loi, guident dans les combats !
Jésus, le divin chef, anime leur constance.

Nous ne pensons point avoir fait un hors-d'œuvre en traçant cette esquisse. A côté de la noblesse par origine de notre Saint, nous avons voulu faire entrevoir une autre noblesse, celle de l'abnégation sublime qu'il pratiqua avec ses frères en religion et que pratiquent encore les hommes du cloître. Ces soldats du Christ, enrôlés sous l'étendard de la croix, ont pour devise la mort de chaque jour, dont parlait le généreux Apôtre (1). Venons à un troisième titre que firent décerner à saint Amédée sa renommée et son mérite.

(1) I. Corinthiens, xv, 31.

CHAPITRE IV

> Fidelis servus et prudens quem constituit Dominus super familiam suam.
>
> Fidèle et prudent serviteur que son maître a établi sur ceux de sa maison.
>
> (S. Math., xxiv, 45.)

SAINT AMÉDÉE, ÉVÊQUE DE LAUSANNE ET PRINCE TEMPOREL. — LES BIENS TEMPORELS SONT-ILS NÉCESSAIRES AUX ÉGLISES OU AUX PRÊTRES? — ORDONNANCES DU SAINT ÉVÊQUE. — IL EST OBLIGÉ D'ACCEPTER LA TUTELLE DU PRINCE HUMBERT III ET D'EN ÊTRE LE PRÉCEPTEUR.

Amédée ne porta que pendant cinq années environ le titre d'abbé d'Haute-Combe (1). Guy de Marlanie,

---

(1) Il y a trois phases différentes dans l'histoire de l'abbaye d'Haute-Combe, dont saint Amédée fut le second abbé. D'abord, en 1121, vers le moment où notre Saint était envoyé en Allemagne,

évêque de Lausanne, ayant été obligé de se démettre de ses fonctions, le fervent Cistercien fut choisi pour le remplacer. Le clergé et le peuple accueillirent cette nouvelle par des acclamations unanimes. Les qualités et les vertus de l'élu le faisaient regarder comme le plus digne d'occuper ce siége important par son étendue comme par les prérogatives dont jouissait le titulaire. Il fallait, à cette époque où les ambitieux ne reculaient pas devant les usurpations à force ouverte, un évêque d'une fermeté intrépide ; pourvu comme Amédée en avait fait preuve, d'une activité, d'une abnégation remarquables, s'unissant à la piété et à la prudence.

Gautier d'Aix donna aux religieux d'Aulps, en Chablais, une terre du nom de Cessens, sur une montagne entre Rumilly et le lac du Bourget. Quelques religieux s'y bâtirent des cellules. Plus tard, dit M. l'abbé Grémaud, ils abandonnèrent ces cellules pour aller s'établir sur la rive occidentale du lac du Bourget, dans un lieu appelé Charaïa, auquel ils donnèrent le nom de l'hermitage qu'ils venaient d'abandonner.

Le dernier successeur de saint Amédée, avant la Révolution française, fut Jean-Baptiste Marelli (1688). A partir de cette époque surtout, l'existence de l'abbaye, pour nous servir d'une expression de M. Blanchard, son historien, fut une déplorable agonie. En 1799 (la Savoie faisant alors partie du territoire français), les acquéreurs du couvent en utilisèrent les édifices par l'établissement d'une faïencerie dont les dépôts étaient à Grenoble, à Lyon, à Chambéry.

En 1824 (la Savoie, depuis les traités de 1815, ayant été rendue à son ancienne dynastie), Charles-Félix conçut le projet de relever Haute-Combe, où il n'y avait plus que des ruines. Melano fut chargé de cette œuvre, il s'agissait de faire de l'église, recon-

L'humble disciple de saint Bernard était loin de partager l'allégresse des habitants de Lausanne. Se regardant comme le dernier qui pût être appelé à l'épiscopat, il refusait cette charge redoutable. Il fut intronisé malgré sa persistance à ne pas consentir. Pour lui enlever tout moyen d'abandonner son église, on expédia un courrier au Souverain Pontife afin de faire confirmer au plus tôt son élection. Le Pape qui n'ignorait pas quel ouvrier infatigable la Religion aurait dans saint Amédée, lui ordonna d'accepter, sans émettre aucun motif de refus.

Il fut donc obligé de se rendre aux désirs et aux vœux de l'Eglise. Son sacre eut lieu le jour de la

---

struite d'après son ancien plan, le Saint-Denis de la Savoie. On y plaça les ossements des princes et princesses de Savoie, dont des fouilles intelligentes avaient fait reconnaître les tombeaux ; le corps de Charles-Félix y fut déposé en 1831.

Un journal de Grenoble avait donné en feuilleton cette appréciation d'un visiteur d'Haute-Combe, sur l'ensemble des tombeaux qui y ont été érigés : il y a de la monotonie. Cette parole est très-juste sous un rapport. Quoi de plus monotone, en effet, que l'œuvre de la mort ? Il n'y a de variété que dans la différence des maladies ou des accidents qui la font survenir. A part cela, elle fait le travail toujours le même : du faucheur, renversant par lignes régulières, les fleurs et les herbes communes, les plantes jeunes encore et celles qui sont sèches.

La position d'Haute-Combe donnait à la translation des dépouilles mortelles des princes un caractère tout particulier. Elles arrivaient en barque au lieu de leur sépulture, image (dont nous faisions mention au chapitre précédent), de notre traversée en ce monde ; heureux si nous trouvons le port éternel !

fête de sainte Agnès, 21 janvier 1145. Ce jour, d'après une tradition transmise par Conon d'Estavayé fut, pour notre Saint, un jour privilégié. Il fut successivement celui de sa naissance, de son application à l'étude des lettres, de son engagement dans la vie religieuse, de sa nomination à la prélature abbatiale, et de son élévation à l'épiscopat. Telle était la raison de la dévotion signalée qu'il avait pour la sainte martyre de Rome. Il voulut qu'on en célébrât la fête dans son diocèse sous le rit double (1).

Dès les premiers jours qui suivirent sa consécration, saint Amédée se mit à l'œuvre. Une éloquence onctueuse rendait ses prédications agréables. C'est pourquoi il évangélisa avec succès les nombreux districts de son diocèse. Pasteur dévoué, il parcourait les vallées; gravissait les montagnes, malgré leur accès difficile, pour visiter les villages dont plusieurs étaient situés au pied des cimes alpestres. A Grindelvald, dans l'Oberland, à une hauteur de 1,170 mètres au-dessus du niveau de la mer, il consacra une église dont les forêts voisines avaient fourni les matériaux, elle était en bois.

Dans ses fatigues, au milieu de ses sollicitudes, la

---

(1) « Præcipiens quod festum beatæ Agnetis fieret duplum. » *Cart. de Laus.* Peut-être, pourrait-on entendre ces mots dans ce sens, qu'outre la fête de sainte Agnès, qui a lieu le 21 janvier, il voulait encore faire célébrer une seconde fête de la même sainte, qui est marquée dans les calendriers le 28 janvier, « S. **Agnetis** secundo. »

prière était son délassement ; sans cesse il suppliait Dieu de bénir ses travaux et ses entreprises. Il honorait la sainte Vierge par un culte vraiment filial (1).

Manrique (2), son biographe, qui avait tracé le portrait d'Amédée le père, a aussi tracé celui de son fils. Il nous le représente dans l'exercice de sa charge : Amédée, élevé sur le siége épiscopal, méditait attentivement cette parole de l'Apôtre : il faut qu'un évêque soit irrépréhensible. Il se souvenait aussi de cette sentence d'un docteur : plus les dons augmentent, plus aussi le compte qu'il en faudra rendre sera rigoureux. Il s'appliquait chaque jour à examiner ses actions. Sa vigilance, par rapport à sa conduite personnelle et à celle de son troupeau, était aussi active que s'il avait dû paraître devant Dieu, pour en rendre raison sur l'heure.

Il était juste dans ses jugements, prévoyant dans ses entreprises (c'est un trait de ressemblance avec son père), fidèle à sa parole. Il défendait les veuves, 1 soutenait les orphelins, il consolait les prisonniers, 1 prenait soin de faire fructifier les biens, surtout ceux des pauvres ; il punissait l'injustice, il détestait l'envie, il chérissait la justice et la chasteté, il était partisan d'une sage économie. Il observait exacte-

---

(1) Cette dévotion, si bien pratiquée dans le pays natal du saint Evêque, peut être regardée comme un héritage obtenu par son intercession.

(2) *Annales cisterc.*

ment les veilles, il jeûnait fréquemment, il était empressé pour la visite des malades et l'entretien des pauvres. La modération accompagnait ses réprimandes, son zèle était exemplaire, ses entretiens faisaient paraître une admirable discrétion, sa piété était fervente.

Nous trouvons les mêmes éloges de saint Amédée dans une lettre de Nicolas, d'abord religieux de Cluny, plus tard de Clairvaux, où il fut secrétaire de saint Bernard. Elle fut envoyée au saint Evêque de Lausanne quelque temps après son élection. Cette lettre (1) établit qu'au milieu des occupations de son ministère, le vertueux prélat avait conservé le goût de l'étude. Pour entrer dans ses vues, Nicolas lui annonce l'envoi du *Traité sur le Saint-Esprit*, par le Maître Anselme. Ce volume, lui écrit-il, a une ponctuation marquée avec soin, et on a mis à le corriger une attention minutieuse.

L'année même où saint Amédée prenait le titre d'évêque de Lausanne, Eugène III, comme lui précédemment moine de Clairvaux et disciple de saint Bernard, prenait possession de la Chaire pontificale à Rome. Saint Amédée fut honoré par ce nouveau chef de l'Eglise d'une confiance toute particulière.

---

(1) Dans le style du temps, ou abondent les antithèses, Nicolas félicite saint Amédée : je vous ai trouvé, dit-il, noble sans orgueil, instruit sans vouloir le faire connaître, spirituel sans recherche, etc.

C'est ce que prouve une lettre du Pape à l'empereur Conrad : Après avoir conféré avec nos frères les cardinaux, nous avons, d'après leur conseil, chargé notre vénérable frère l'Evêque de Lausanne, dans la prudence duquel nous avons une entière confiance, d'examiner et de terminer l'affaire du monastère de Murbach. Dans cette même lettre, le Pape appelle Amédée un homme discret et prudent, et versé de longue date dans les règles de la discipline religieuse.

Bien plus, le Souverain Pontife vint visiter dans son église épiscopale (1) son ancien frère en religion.

Cette belle cathédrale domine Lausanne, le lac et les paysages des environs. Son aspect fait naître naturellement le souvenir des paroles d'Isaïe, relatives à la maison du Seigneur : « elle s'élèvera au-dessus des collines (2). » Elle est un des monuments les plus exquis de l'art gothique (3). D'une justesse de

---

(1) Dans l'édition de l'*Histoire de l'Eglise de Lausanne* (1858), par M. Grémaud, le Pape aurait visité deux fois saint Amédée, et, d'après celle de 1866, une seule fois,

(2) Isaïe, ii, 2.

(3) La cathédrale de Lausanne était-elle, au temps d'Eugène III, la même qu'on la voit aujourd'hui? Cela paraît invraisemblable si, comme M. de Caumont, on place vers 1180 l'établissement du règne de la période ogivale. *(Eléments d'archéologie,* par M. l'abbé Crosnier.)

Nous citons à ce sujet deux passages du livre de M. Grémaud. *(Histoire de l'Eglise de Lausanne).* Plusieurs auteurs, dit-il, attribuent à l'évêque Henri de Lenzbourg (985-1019) la fondation de l'église cathédrale. Sans rien décider, nous ferons

proportions rigoureuse, d'une élégance et d'une grandeur dont rien ne peut rendre l'incomparable effet, elle est encore d'une originalité exquise. C'est un monument type et un monument unique. On sait que cette belle église, livrée comme Saint-Pierre de Genève, aux protestants, a subi de leur part toutes sortes d'outrages. Le temps aussi l'a touchée de sa main lourde et redoutable (1) »

Nous avons cherché le tombeau de S. Amédée (2). Dans le chœur où l'on faisait des réparations, quelques pierres sculptées représentant des évêques étaient en désordre contre les murs. Nous n'avons

seulement observer qu'au commencement du xi⁰ siècle, on vit partout s'élever de nouvelles églises, surtout en Italie et dans les Gaules. Il y avait alors une sainte émulation entre les chrétiens des différents pays, et presque toutes les églises cathédrales furent embellies...

Aymon de Montfaucon (1491-1517) fit quelques changements à l'église cathédrale de Lausanne. Il avait promis de la décorer d'ouvrages dans le goût de son époque, ou dans le style de la renaissance ; mais, depuis quinze ans qu'il s'y était engagé, il s'était borné à la démolition d'une porte et de quelques autres constructions en marbre... Pour remédier à ces retards, le pape Léon X, ce grand protecteur des arts, par un bref du 23 février 1513, chargea les évêques de Belley et de Sion, de forcer l'Evêque de Lausanne à terminer les réparations promises. On peut les voir encore aujourd'hui signées des armoiries de Montfaucon, et de la devise *si qua fata sinant*.

(1) L'*Univers*, 22 juillet 1873.
(2) Nous verrons plus tard qu'on enterra Amédée dans la nef de sa cathédrale.

pu savoir au juste si une portion de la tombe de notre Saint se trouvait parmi ces restes de monuments funèbres. A notre interrogation anxieuse, sur Amédée d'Hauterive, on a prétendu nous montrer un Amédée, duc de Savoie, et pape plus tard (1).

Les stalles, occupées autrefois par les chanoines, servent aujourd'hui de siéges aux membres du conseil cantonal (2). Sans doute leur place n'était pas celle qu'elles occupent actuellement, en face de la chaire. Dans la boiserie sculptée, les douze articles du symbole sont écrits par moitié, sur deux panneaux différents. Dans un panneau intermédiaire sont gravés, en gros caractères, ces deux mots : « FATA TESTANTUR. » (Les destins en rendent témoignage). En effet, quelle fatale punition du ciel, quel changement funeste a amené les héritiques dans le temple où notre saint compatriote annonça la parole de vérité, se prosterna pieusement au pied des autels, et célébra les divins mystères ?

(1) Amédée VIII ayant remis le gouvernement à son fils, se retira dans un couvent près de Thonon. Les pères du Concile de Bâle, après la déposition d'Eugène IV, le nommèrent pape, sous le nom de Félix V, pour l'opposer à Nicolas V, 1439. En 1449 il renonça volontairement à la tiare, pour faire cesser un schisme scandaleux.

L'erreur historique suit de près l'erreur religieuse, et les protestants croient intéresser davantage un visiteur, en lui montrant le tombeau d'un Pape.

(2) Le lecteur sait que Lausanne est la capitale du canton de Vaud.

A l'endroit où devait se trouver l'autel principal, sont deux sortes de supports carrés en marbre noir. Ils font l'effet de tombeaux n'ayant plus les personnages qui doivent y figurer. Ce sont des tables de communion. Du temps du saint Evêque on recevait le pain de vie ; maintenant, c'est le pain du mensonge et de la mort (1) qu'on trouve dans ce sanctuaire profané.

A l'extérieur, au-dessus de la porte d'entrée, est gravée cette inscription : J'ENTRERAI DANS TON TEMPLE AVEC LE RESPECT QUI T'ES DU (2). Pour celui qui a le bonheur d'être catholique, cette traduction des paroles de David paraît peu respectueuse (3).

Du plateau sur lequel se trouve l'église, le coup d'œil est ravissant. Si le climat était celui de l'Italie, on se croirait près de la baie de Naples. Le lac Léman rappelle le passage écrit par le P. L. de Grenade, pour donner une idée des beautés du paradis : Que dirons-nous des lacs... aux eaux claires et pures ? Ne dirait-on pas que ce soient les yeux de la terre et les miroirs

---

(1) Prov. XXIII, 3.

(2) J'entrerai dans votre maison et, rempli de crainte, je vous adorerai dans votre saint temple. Ps. 5, v. 8.

(3) Le tutoiement qui doit son origine au principe révolutionnaire de l'égalité, a dû contribuer dans les familles au manque de respect, d'obéissance et de gratitude des enfants envers leurs parents. N'aurait-il pas contribué, chez les hérétiques calvinistes, à leur faire regarder Jésus-Christ comme leur égal, puisque plusieurs ministres en sont venus jusqu'à nier sa divinité.

des cieux (1)? Mais le cœur se serre, à la pensée que ce paradis terrestre, d'où l'on contemple deux fois le ciel (2), puisqu'il est reproduit par les eaux limpides, n'est plus éclairé par les lumières de la vraie foi. L'hérésie en a chassé le nouvel Adam et l'Eve nouvelle, en défigurant le culte du Christ et en détruisant celui de sa mère. O Calvin, qu'avez-vous fait (3)?

Le père de saint Amédée qui avait visité son fils, élevé à la dignité abbatiale d'Haute-Combe, eut la consolation de le voir élever ensuite à la dignité épiscopale. Il s'efforça de son côté d'obtenir, par ses bonnes œuvres, un trône et une couronne dans le ciel (4).

Seigneur, avant son entrée en religion, des terres et châteaux de Chastelard ou Châtelard, d'Hauterive, de Vors, de Vaux, de Levau, d'Arpieu, de Sallières, de Sérezin, de Tramolée, de Saint-Germain-de-Tarsanne, de Tregnieu et de la Maison-Blanche, il dota

---

(1) *La Guide des Pécheurs*, tom. I, ch. 9, § 1.

(2) Si, par un beau soleil, l'eau tremble sous un souffle du vent, son mouvement semble produire un scintillement qui fait penser à celui des étoiles par une nuit sereine. — Le P. Cazenave, des Oblats de Marie, dépeignant cet effet produit sur les eaux de la mer, écrivait ces mots : Le zéphyr est venu, et a fait une suite comme infinie de petits soleils qui se mêlaient en tous sens. (Missions cath. 19 novembre 1875).

(3) Dans un moment de désespoir ou de remords, Luther écrivait : O Calvin, qu'avons-nous fait?

(4) Dan., VII, 22.

de biens considérables l'abbaye dont il avait fait la demeure de son choix (1). Il ne s'en tint pas là ; il fonda quatre monastères du même ordre : Léoncel, en Dauphiné ; Mazan, au diocèse de Viviers ; Montpéroux, en Auvergne, et Tamis ou Tamiés, en Tarentaise. Ce dernier couvent fut bâti en 1128. Il en fit nommer pour premier abbé, Pierre (2), son intime ami, qui n'avait pas encore trente ans accomplis. Pendant qu'on construisait les monastères, Amédée se mêlait lui-même parmi les ouvriers et travaillait avec eux.

Il mourut de 1148 à 1150, léguant aux Cisterciens ses frères, le souvenir de la dévotion la plus austère et la réputation d'un saint (3).

Saint Amédée profita du crédit qu'il avait auprès du Souverain Pontife et de l'influence dont il jouissait auprès de l'empereur Conrad III, pour faire profiter son diocèse de leur puissant patronage.

Il obtint du monarque la confirmation des priviléges temporels de l'évêché de Lausanne. Par un di-

---

(1) Ps. 131, v. 14.

(2) Saint Pierre, plus tard évêque de Tarentaise, né aussi dans le Dauphiné, près de Vienne. Sa vie offre une ressemblance avec celle de saint Amédée, c'est que toute sa famille embrassa l'état religieux. Son père et ses deux frères choisirent Bonnevaux pour le lieu de leur retraite, sa mère et sa sœur entrèrent chez des Cisterciennes qui étaient dans le voisinage.

(3) Godescard place, en 1140, la mort d'Amédée d'Hauterive.

plôme daté de Worms, en 1145, Conrad prit sous sa protection tous les biens de cette église (1).

L'année suivante, Eugène III, par une bulle (2 des Ides d'avril 1146) lui accorda une faveur semblable ; il ratifia les donations faites par Henri IV, et déclara nulles les aliénations opérées au détriment du domaine épiscopal par Lambert, l'un des prédécesseurs de notre Saint.

La question des domaines de son évêché étant ainsi garantie et devenue régulière, Amédée voulut ensuite régler ses rapports avec ses sujets et son clergé.

Un évêque, à cette époque, dit M. Blanchard (2), n'était point un simple représentant de l'autorité ecclésiastique ; il était également, et quelquefois même avant tout, un seigneur temporel, possédant tous les droits de la souveraineté. Celui de Lausanne relevait bien de l'empereur, mais son autorité était peu restreinte par cette suzeraineté. Il devait compter davantage avec ses sujets : leurs droits réciproques étaient réglés par des coutumes qui avaient obtenu force de loi, par la sanction pratique des évêques, mais qui n'avaient point été rédigées. L'esprit d'organisation d'Amédée le poussa à faire reconnaître officiellement ces usages par les intéressés ;

---

(1) Nommément, dit M. Grémaud, Morat, Lutry, Carbarissa (Chexbres), Corsier, Cabisacha (Cully), et Lugnorre.

(2) *Histoire de l'abbaye d'Haute-Combe.*

et, pour les conserver d'une manière définitive et sûre, il en ordonna la rédaction.

Le mot de gouvernement temporel amène avec lui l'objection si souvent renouvelée : « Mon royaume n'est pas de ce monde. » Qu'on nous pardonne, à ce propos, une dernière digression.

Le temporel est-il nécessaire aux prêtres ou aux églises? Cela revient à demander, étant admis que l'homme est une créature raisonnable, composée d'un corps et d'une âme, si l'âme a besoin du corps pour accomplir les décisions de sa volonté. Faut-il nos lèvres pour louer Dieu (1)? Nous faut-il des pieds pour aller chez le pauvre, et des mains pour lui faire l'aumône?

L'Eglise est, il est vrai, une société dans laquelle il s'agit d'intérêts spirituels; elle peut dire certainement au monde : donnez-moi les âmes et gardez pour vous le reste (2), » mais, pour arriver à cette fin sublime, elle a besoin de moyens temporels.

Ainsi, dès la première fondation des églises, il fallait des dépenses pour les vases sacrés et la matière du sacrifice, pour les livres de prières et les objets essentiels à la célébration des divins mystères (3). Et, aujourd'hui, le pasteur d'un village peut-

---

(1) Ps. 50, v. 17.
(2) *Genèse*, xiv, 21.
(3) Bonnaud, cité par M. Rousselot, *Traité de l'Administration temporel des paroisses.*

il donner un petit livre à un enfant, sans des ressources matérielles pour se le procurer d'abord? Le livre lui-même, quoiqu'il traite des choses de l'âme, peut-il exister sans les manipulations corporelles et les mécanismes employés par les ouvriers?

Il nous est arrivé d'entendre ces paroles : qu'il serait beau de voir les prêtres aussi pauvres que l'étaient les apôtres et leurs premiers auditeurs! qu'il serait touchant de les contempler n'ayant que leur bâton à la main et leur livre de prière sous le bras, aller demander l'hospitalité à leurs enfants, selon la foi! Comme on s'empresserait autour d'eux, comme on les servirait avec respect! Les prêtres seront les premiers à en convenir, ce serait beau. C'est un beau rêve, mais ce n'est qu'un rêve, et la réalité apparaît bien différente.

Ecoutons ce qui est raconté de cette première époque dont on invoque le souvenir.

Contents du nécessaire, les premiers fidèles donnaient le surplus de leurs biens à l'Eglise, afin de soulager les veuves, les orphelins et les autres pauvres, quels qu'ils fussent (1).

Pénétrés de vénération pour les ministres du Seigneur, à qui ils devaient la vie de l'âme, nos pères étaient empressés de pourvoir à leurs besoins; ils comprenaient que les ecclésiastiques, se dévouant tout entiers au salut de leurs frères, ne pouvaient

---

(1) Lucien de Samosate, cité par Mgr Gaume.

s'occuper de leur propre subsistance. Les oblations des fidèles leur fournissaient le nécessaire, la nourriture et le vêtement (1).

Donc, si l'on veut des prêtres conformes à ceux des premiers temps, qu'on leur donne des fidèles comme ceux de la primitive Eglise : ayant la même foi et la même charité. Bien plus, n'est-il pas à craindre que le désir d'un dénûment si complet de la part du clergé n'amène, après lui, une triste déception de la part de ceux qui l'expriment de bonne foi, et ne cache quelque perfidie de la part des ennemis de l'Eglise (2)? Quand on parle des apôtres et des premiers chrétiens, pourquoi omet-on de parler aussi de leurs persécuteurs? On peut fausser le sens des paroles de l'Ecriture en les séparant de leur contexte; il en peut être de même par rapport à l'histoire. Aux temps dont on parle, le Souverain Pontife, les évêques, les prêtres, s'ils n'étaient dans les cachots,

---

(1) Mamachi, *Du Droit de l'Eglise d'acquérir et de posséder des biens temporels.*

(2) Sous Constantin, les chrétiens avaient été admis aux emplois, les églises étaient munies de revenus, les ministres des saints autels avaient des allocations pécuniaires. Mais Julien l'Apostat, en haine du Christianisme, enleva aux ecclésiastiques les immunités accordées par les empereurs précédents; il supprima les pensions destinées à la subsistance des clercs. Il voulait ainsi faire pratiquer aux prêtres la pauvreté évangélique. Par cette ironie cruelle, il exprimait nettement une intention que d'autres s'efforcent de dissimuler.

avaient pour asiles les Catacombes (1), les cavernes (2), quelquefois des ruines, comme on le raconte de saint Félix de Nole ; ils vivaient cachés pour la plupart du temps dans les maisons des fidèles, changeant souvent de retraites pour n'être pas découverts. Voilà ce qu'établit le contexte de l'histoire, relativement aux époques où les prêtres vivaient dans le plus grand dénûment. En théorie, il est vrai, cette pauvreté absolue a quelque chose de grand, de poétique, de séduisant ; si l'on en vient à la concordance des événements, nous ne la trouvons qu'aux temps des persécutions.

Nul doute, dit Mgr Clausel de Montals (3), que la philosophie du dernier siècle n'ait vu, dans le dépouillement complet et absolu de la Religion, l'un des moyens les plus sûrs d'anéantir ce culte antique, objet spécial de son animosité et de sa haine.

Voulons-nous dire que le clergé a horreur de la pauvreté? Loin de là! Combien de pieux prêtres, dont l'abnégation est ignorée, dont le dévouement pour les pauvres ne rencontre en retour que l'ingratitude, s'écrieraient avec saint François d'Assise :

---

(1) C'est ce qu'établit Mgr Wiseman, dans son ouvrage intitulé : *Fabiola*.

(2) Voir l'ouvrage du P. Newman : *Calista*.

(3) Réclamation en faveur des églises de France, citation de M. Rousselot.

« Ma chère pauvreté, si basse que soit ton extraction, selon le jugement des hommes, je t'estime, depuis que mon Maître t'a épousée ! (1) »

Il y a, dans d'humbles presbytères, des hommes d'une force d'âme héroïque qui adopteraient volontiers la mendicité, si elle pouvait se concilier avec l'indépendance et la considération que réclame leur sublime ministère. Mais, en vérité, ils eussent été bienvenus à aller solliciter la charité de leurs ouailles, ces hommes de Dieu dont de noires calomnies faisaient les espions et les pourvoyeurs des ennemis de la patrie ! Des ignorants, imbus des plus odieux préjugés, n'auraient-ils pas ajouté au vocabulaire de leurs injures le nom de mendiant ?...

Ce rapide aperçu nous explique suffisamment pourquoi saint Amédée regarda comme chose d'importance le règlement des droits temporels de son Eglise, et résista ensuite avec tant d'énergie à ceux qui voulaient lui en enlever la possession.

Venons à la reconnaissance des usages établis en faveur du siége épiscopal de notre saint Prélat.

En sa présence, Arducius, évêque de Genève, comme prévôt du chapitre de Lausanne, fit la rédaction des différents articles de la Constitution temporelle du diocèse. Le clergé, les barons, les chevaliers et les bourgeois, ainsi que le prescrivait l'usage, reconnurent les droits de l'évêque, leur seigneur.

---

(1) *Histoire de saint François d'Assise,* par Chavin de Malan.

Nous nous bornerons à quelques points principaux :

Le premier article était celui-ci : « Toute la ville de Lausanne, tant la cité que le bourg, est la dot et l'alleu (1) de la bienheureuse Vierge Marie et de l'Eglise de Lausanne. »

Espérons que dans le Ciel, la Mère du Sauveur intercédera en faveur de cette population, dont la plus notable partie est assise dans les ténèbres de l'hérésie, et qu'elle dira à son fils, comme Esther à Assuérus : Accordez la vie à mon peuple.

Art. 2. — Les chanoines ont le droit d'élire librement l'évêque et ne doivent au roi (empereur d'Allemagne) que la réception processionnelle et leurs prières.

Nous voyons par cet article comment s'était faite l'élection de saint Amédée.

Art. 3. — L'évêque tient du roi ou de l'empereur l'exercice des droits réguliers, qui comprennent les routes, les forêts (2), les cours d'eau, les péages, les ventes, les marchés, les mesures, les monnaies, les bans ou amendes, le recours contre les usuriers publics, les ravisseurs et les voleurs. En retour, l'évêque doit au roi la bienvenue, le soir et le matin,

---

(1) L'alleu désigne un fonds de terre, et plus spécialement une terre dont on a la propriété.

(2) Dans le texte, on lit les joux noires, par là, on désignait des montagnes couvertes de forêts. Celles de l'évêché de Lausanne étaient au-dessus du lac de Joux et de la Part-Dieu.

lorsqu'il vient pour les affaires de l'évêque ou de la ville, dans laquelle il n'a pas d'autre droit à exiger... Il est stipulé ensuite que ceux qui habitent hors les murs de la ville dédommageront des frais de réception l'évêque leur seigneur...

Art. 4. — L'avoué reçoit de l'évêque l'avouerie sur ce qui est situé hors les murs de la Cité (1)... Il a droit au tiers des amendes (2).

L'avoué (3), dit M. Grémaud, était un seigneur laïque auquel les évêques et les couvents confiaient la garde et la défense de leurs possessions temporelles. Les avoués étaient les avocats des églises devant les tribunaux, et ils devaient défendre par les armes les terres appartenant à ces églises. Il arrivait parfois, et nous le verrons dans le chapitre suivant, que les avoués, de protecteurs ou de défenseurs qu'ils devaient être, devenaient des ravisseurs.

D'après l'article cinquième, les bourgeois (4) en état de porter les armes doivent répondre à l'appel

---

(1) Comme Avenches, Bulle et Curtilles.

(2) Dans le bourg de Lausanne et dans les trois endroits nommés à la note précédente.

(3) L'avoué devait être l'homme-lige de l'évêque ; il prêtait foi à son seigneur, envers et contre tous. On reconnaît ici l'expression latine : *ligare*.

(4) Il est très-probable que le mot bourgeois n'avait pas à cette époque la même signification que de nos jours. A Lausanne, dit M. Grémaud, il ne faut pas confondre les citoyens et la cité, les bourgeois et le bourg ou ville primitive.

du maire, du sénéchal et du sautier (officiers de l'évêque), sous peine d'une amende de trois sols. Au peu d'importance de l'amende, s'ajoutait cette atténuation que ceux qui étaient ainsi appelés pouvaient ordinairement revenir chez eux le même jour.

Si, d'après l'avis des notables de sa ville, l'évêque va auprès du roi pour les affaires de l'Eglise, ou si le roi le mande... deux ou trois bourgeois qu'il voudra conduire avec lui devront fournir aux dépenses en allant et en revenant... L'évêque les leur remboursera. Tel est l'article sixième.

L'article septième porte que les bourgeois aideront leur seigneur évêque dans les acquisitions et autres affaires... En revanche, le seigneur évêque doit défendre les bourgeois et leurs biens par le glaive tant matériel que spirituel.

L'article huitième était une loi de sûreté : pour fausses mesures, faux poids et faux aunages, on devait payer soixante sols d'amende ; autant pour violences commises dans la Cité, en laquelle, sécurité était accordée à tous, excepté aux voleurs, faussaires et traîtres.

En quelques mots, cette Constitution rappelle le respect dû à l'autorité ; elle détermine les droits réciproques, elle pourvoit à l'ordre de l'Etat et à la protection des personnes.

Citons encore, comme un exemple de bienveillance paternelle, les deux premiers articles des statuts de Lausanne, relatifs à l'évêque et au chapitre.

Ils offrent un souvenir des agapes ou repas de charité des premiers temps du Christianisme :

1° Toutes les fois que le seigneur évêque dit la messe au grand-autel, le chapelain, les diacres, les sous-diacres et marguilliers qui l'auront servi, mangeront ce jour-là avec lui ;

2° Le lundi de Pâques, l'évêque donnera un repas aux chanoines et à tous les clercs qui fréquentent le chœur, et aux serviteurs des chanoines.

L'article neuvième des statuts rédigés par ordre de saint Amédée nous fait connaître le nombre et la hiérarchie des membres du Chapitre ; il nous expose également quelles cérémonies doivent avoir lieu pour les chanoines défunts.

Dans la cathédrale il ne doit y avoir que trente chanoines, dix prêtres, dix diacres, dix sous-diacres. A la mort d'un chanoine, chaque chanoine prêtre dira trois messes pour le défunt. Celui qui n'est pas prêtre dira le Psautier. Les trente premiers jours après son décès, on dira pour lui la messe conventuelle..., et s'il est enseveli dans le cloître, on ira chaque jour, un mois durant, en procession à sa tombe.

Nous avons vu qu'en 1145, Conrad III avait pris sous sa protection l'église de Lausanne, et reconnu par un diplôme ses prérogatives temporelles.

En 1146, Amédée assista à l'assemblée que le même empereur tint à Spire. Saint Bernard était arrivé en Allemagne pour la croisade. Conrad fit publier une convocation pour la fête de Noël. Les évêques de Constance, de Bâle et de Strasbourg, s'y trouvaient avec saint Amédée et l'abbé de Clairvaux.

En 1147, le pape Eugène III, fatigué par les séditions des Romains, vint demander à la fille aînée de l'Eglise un asile et le repos.

Après un séjour de quelque temps en France, il se rendit à Trèves. L'évêque de Lausanne était parmi les cardinaux et les évêques qui escortaient le chef de l'Eglise. Le Souverain Pontife fit dans cette ville la dédicace de l'église de Saint-Mathias; Amédée fit la consécration de deux autels.

De Trèves, le Pape alla à Reims (1148), de là à Besançon, et, ayant franchi le Jura, il se rendit à Lausanne où il demeura plusieurs jours.

Qu'on ne nous reproche pas d'avoir trop compté les pas d'Eugène III, il venait faire honneur au Saint dont nous écrivons la vie.

Si, jusqu'ici, la carrière épiscopale de saint Amédée a été tranquille, disent ses biographes, elle va désormais être traversée par les sollicitudes.

Lorsqu'il était abbé d'Haute-Combe, notre Saint s'était concilié la confiance et l'amitié sincère d'Amédée III, comte de Savoie. Il jouissait aussi de l'estime et de la vénération des principaux seigneurs du pays. Il n'est donc pas étonnant qu'Amédée III, partant pour la croisade, ait recommandé et confié son fils et son Etat à un pasteur doué de tant de vertus et de talents.

En revenant de la terre sainte, le comte de Savoie

mourut à Nicosie (1ᵉʳ avril 1148). Son fils Humbert III était son successeur. La défiance qu'il avait de lui-même lui suggéra de tenir conseil avec les membres de sa famille, et il fut résolu qu'on ferait appel à l'évêque Amédée.

Quand il fut présent, il lui fut déclaré qu'il serait le conseiller du prince, trop jeune encore pour gouverner par lui-même, et qu'il dirigerait l'Etat. Au refus d'Amédée, on répondit par des instances. Si nous choisissons, lui dit-on, un duc, un comte ou une autre personne séculière, au lieu d'un tuteur fidèle, nous n'aurons peut-être qu'un homme méchant et avare, qui recherchera avant tout ses propres avantages et ne laissera à son pupille qu'un héritage ruiné.

Ces sollicitations pressantes, l'intérêt que lui inspirait un jeune prince dont le père avait été son ami, firent violence au cœur du saint Evêque, et l'obligèrent à donner son consentement.

Chargé d'une mission difficile et délicate, il voulut la remplir comme jusque-là il avait rempli ses fonctions d'abbé et d'évêque : avec la plus sévère exactitude.

La tutelle d'un prince confiée à un Pontife, nous fait ressouvenir du grand prêtre Joïada, prenant soin de Joas et l'abritant dans le Temple. Il y a cette différence, que le prince confié à saint Amédée ne se pervertit pas comme le fils d'Ochosias. Il ne fallait rien attendre que de grand de cette éducation, dit

Guichenon (1), parce que Amédée, un des grands personnages de son temps, communiquait une empreinte de ses qualités éminentes à ceux dont il prenait soin. Plus tard, Humbert fut mis au nombre des bienheureux. Sa fête se célèbre le 13 mars (2).

Le saint tuteur ne craignait pas de faire braver à son prince les dangers les plus graves, dès que la justice et l'honneur le demandaient (3). En voici une première preuve : Reynald ou Reynaud, oncle d'Amédée III, qui avait des prétentions à la prévôté de saint Maurice, s'attribua les possessions des religieux. L'évêque de Lausanne prit la défense des faibles, et en cela il croyait, avec raison, maintenir l'honneur du jeune comte. Il lui écrivit en ces termes :

« Amédée, très-humble ministre de l'Eglise de Lausanne, au comte Humbert de Savoie, salut.

» Votre père, à son départ, m'a chargé, comme son intime ami, de veiller à l'honneur de votre dignité et à la sûreté de vos Etats. Pour éviter la perte de l'une et de l'autre, je vous conseille de faire en sorte que le seigneur Reynaud ne fasse aucun tort à l'Eglise de Saint-Maurice, qu'il veut occuper par force en usurpant la prévôté dont il s'est démis avec serment entre les mains du comte et de l'évêque de Tarentaise. Il

---

(1) *Histoire de Savoie.*
(2) *Allobroge*, 1842. — Guichenon, *Histoire de Savoie*. Citation de M. Grémaud.
(3) Grémaud.

cherche aussi à prendre les terres que le comte a données en gage à cette église, pour la table d'or qu'il a emportée à Jérusalem. Cette entreprise est contraire à l'assurance que votre père a donnée, et à votre propre intérêt. » Il termine en recommandant au prince de maintenir tous les droits de l'abbaye.

La lettre du saint Evêque fait mention d'une table d'or. Avant de partir pour l'Orient, le comte de Savoie s'était rendu à Saint-Maurice en Valais, où, sur son invitation, s'était trouvé celui dont l'amitié lui était si honorable. Il y emprunta entre autres joyaux une table d'or du poids de soixante-cinq marcs, sans compter les pierres précieuses dont elle était ornée.

Un des premiers soins de l'évêque-régent fut de faire acquitter, par Humbert, la dette que son père avait contractée. Le comte de Savoie promit de payer à l'abbaye cent marcs d'argent et deux marcs d'or, en quatre ans, et il donna, en outre, les rentes que lui rapportaient deux de ses domaines (1). Le jeune prince voulut donner à cet acte une grande solennité. S'étant avancé jusqu'au grand autel de l'église abbatiale, il prit le livre des Evangiles, le déposa sur l'autel, comme témoignage du serment par lequel il confirmait sa donation entre les mains de son tuteur. Il donna ensuite le baiser de paix à

---

(1) Bagnes et Octier ou Cotter.

saint Amédée, à l'évêque de Sion, et à l'abbé de Saint-Maurice, témoins de sa promesse (1).

Nous avons vu que, par les conseils de son tuteur, Humbert avait résisté à son oncle. Dans une autre circonstance, le saint régent, oublieux des liens du sang, ordonna à son pupille de résister à Guigues V, dauphin du Viennois (2). Il voulait accomplir à tout prix sa parole donnée à Amédée III, de veiller à l'intégrité des Etats de son fils.

Humbert, retiré à Haute-Combe, où il trouvait son bonheur à prier avec les religieux, revêt le costume de guerrier; il marche à la tête de quelques troupes fidèles réunies à la hâte contre son turbulent voisin. Le Dauphin, brûlant de venger la mort de son père, assiégeait Montmélian. Humbert fut vainqueur dans le lieu même où son père avait remporté une victoire sur le père du Dauphin (3).

Au milieu de ses préoccupations d'évêque et de

---

(1) Aujourd'hui, l'on voit des puissants du monde s'engager par des cérémonies ridicules à observer des pratiques et des conventions sacrilèges que l'Eglise interdit sous peine d'excommunication.

(2) Il a été dit précédemment que le comte d'Albon était l'oncle de saint Amédée.

(3) M. Blanchard, *Hist. de l'abbaye d'Haute-Combe.* Dans une note, on lit que Cibrario, dans son *Miroir chronologique*, place cette lutte en 1150 et ne la regarde pas comme certaine.

M. Grémaud qui en avait fait mention dans une première notice, en 1858, n'en dit rien dans une autre, éditée en 1866.

régent, Amédée n'oubliait pas l'abbaye d'Haute-Combe, dont on aurait pu l'appeler le fondateur. C'est à cette époque que s'étendirent les possessions du couvent et que ses édifices furent agrandis, grâce aux largesses du comte Humbert (1). Aussi le nombre des religieux devint plus considérable qu'il ne l'avait été jusque-là.

Il ne se contenta pas de protéger l'abbaye qui avait été sa première épouse. Religieux lui-même dès sa jeunesse, il avait conservé une grande affection pour les ordres monastiques. C'est pour cela qu'il combla de ses bienfaits les maisons religieuses, et principalement celles de son diocèse.

Il sanctionna les donations faites par Guido, son prédécesseur, et d'autres personnes généreuses au couvent de Hautcrêt (2). Ce monastère était habité par des Cisterciens. Souvent le saint Evêque de Lausanne allait s'y recueillir et prier avec ceux qu'il regardait toujours comme ses frères. Il retrouvait auprès d'eux ses heureux moments de Clairvaux et d'Haute-Combe. Sa demeure de prédilection

---

(1) Des constructions de cette époque, dit M. Blanchard, une seule paraît avoir résisté aux injures du temps, c'est la chapelle de Saint-André qui s'élève au nord-est de l'église abbatiale, sur un roc plongeant dans les eaux profondes du lac.

(2) Hautcrêt, dans le canton de Vaud, près de Palezieux, fut fondé en 1134, par Gui, évêque de Lausanne.

était celle de Puidoux (1), où l'évêché de Genève possédait un château. La pieuse retraite de Hautcrêt était dans le voisinage. Amédée voulut en augmenter les possessions en concédant aux religieux (2), à certaines conditions, les terres incultes du Désaley, pour y planter des vignes.

L'abbaye de Hauterive, dont le nom lui rappelait le titre ou l'appellation patronymique de ses ancêtres, eut part aussi à ses libéralités (3).

Précédemment, il avait reconnu et confirmé les libéralités faites au couvent de Théla, à celui de Monthéron, à ceux des Prémontrés de Fontaine-André et d'Humilimont; et, par la suite, il fit présent, à cette même abbaye, des églises de Vuippens et de Villard-Volar.

A Lausanne même, il fit paraître sa générosité en faveur du prieuré de Saint-Maire (4).

(1) Sur une colline, près de Puidoux, on voit encore les masures du vieux château des évêques de Lausanne. (*Note de M. Grémaud.*)
En nommant M. Grémaud, professeur d'histoire et de géographie au collége de Fribourg, on doit nommer également le P. Schmit, de la Congrégation du T. S. Rédempteur, dont M. Grémaud a été l'annotateur.
(2) L'évêque devait percevoir la moitié du rendement, et promettait une certaine somme rémunératrice des travaux qu'opéreraient les Cisterciens.
(3) L'abbaye de Hauterive, fondée en 1137, sur les bords de la Sarine, à une lieue de Fribourg, par Guillaume de Glane.
(4) Saint Amédée donna à ce couvent les dépendances de plusieurs églises dont les noms sont cités par M. Grémaud.

On eut souvent recours à l'arbitrage et à la médiation du saint Evêque pour le règlement de certaines contestations délicates.

Ainsi, à son arrivée à Lausanne, il trouva une difficulté entre son église cathédrale et le couvent de Romain-Motier (1). Il y mit fin par un acte en date du 17 décembre 1148.

Il unit ses bons offices à ceux de Pierre, archevêque de Tarentaise (l'ami de son père), pour mettre fin à une contention entre les abbés d'Hautcrêt et de Saint-Maurice. Il termina également un différend entre les religieux de cette dernière abbaye, et les deux frères Guillaume et Hugues de Billens, au sujet de donations faites antérieurement. Il fut encore conciliateur en faveur de l'abbaye de Bonmont (2).

Il détermina les droits et les devoirs réciproques des deux monastères du Grand-Saint-Bernard et de Melleraie. L'un et l'autre étaient habités par des chanoines réguliers et liés par une union qui n'excluait pas la supériorité du premier. Ces rapports, peu nettement définis, amenèrent quelques contesta-

---

(1) Il aplanit la difficulté en laissant au couvent les églises de Mollens, de Ballens et de Torclens, et celle de Vallorbes.

(GRÉMAUD.)

(2) Dalmerius de Roverea élevait contre ce couvent diverses prétentions. Il consentit à reconnaître toutes les donations faites à ce monastère.

tions sur la question d'autorité. En vertu de la commission dont le pape Eugène III l'avait chargé, saint Amédée mit tout en bon ordre.

Le saint Prélat amena une autre transaction entre les religieux de Saint-Oyan (1) et ceux du lac de Joux, en déterminant les attributions de chaque partie.

Il s'agissait, dans ces contestations, de quelques doutes relatifs à la juridiction ou à des délimitations de terrains. Il était bien permis à des religieux, tout en restant dans la charité, de tenir à ce que semblaient leur attribuer des clauses obscures. Et s'il faut admettre que ces hommes de la solitude ont, dans de telles circonstances, été répréhensibles, et ont laissé paraître des imperfections, nous apporterons pour les excuser ces mots de Fénelon :

« Les imperfections du cloître que l'on méprise
» tant, disait-il, sont plus innocentes devant Dieu
» que les vertus les plus éclatantes dont le monde
» se fait honneur (2). »

Enfin, pendant l'épiscopat de notre Saint, une difficulté entre les églises de Lausanne et de Besançon fut terminée par Orlieb, évêque de Bâle, délégué à cet effet par le Pape.

---

(1) Il était question d'un droit de pêche.
L'abbaye de Saint-Oyan, dans le département du Jura (France), s'appela d'abord Condat, puis Saint-Oyan, et, depuis le XIIIe siècle, Saint-Claude. (*Notes de M. Grémaud.*)

(2) Citation de M. Blanchard. *Hist. de l'abb. d'Haute-Combe.*

CHAPITRE V

> Omnes qui pie volunt vivere in Christo Jesu persecutionem patientur.
>
> Tous ceux qui veulent vivre avec piété en Jésus-Christ souffriront persécution.
>
> (II° à TIMOTHÉE, III, 12.)

LE DÉFENSEUR DE L'ÉGLISE DE LAUSANNE SE REND COUPABLE D'USURPATION ET DE REBELLION ENVERS SAINT AMÉDÉE. — SAINT AMÉDÉE EXILÉ ÉCRIT A SES DIOCÉSAINS. — SON RETOUR. — DÉMÊLÉS AVEC LE DUC DE ZŒRINGHEN.

Vers la fin de sa carrière, notre Saint eut part au calice d'amertume que Dieu présente à ses amis avant de les placer auprès de lui dans la gloire céleste.

On lit dans la *Vie de sainte Catherine de Sienne*, qu'une nuit Notre-Seigneur lui apparut, tenant de la main droite une couronne d'or, et de la main gauche une couronne d'épines, lui donnant à choisir celle qu'elle préférerait. La Sainte ravit aussitôt la couronne d'épines et se la mit sur la tête (1).

On nous présenta un jour une image allégorique du récit qui précède. On voyait, au milieu, une croix servant pour ainsi dire de tige à une balance, dont deux couronnes auraient figuré les bassins. Une couronne de roses blanches s'élevait un peu au-dessus d'une couronne d'épines, et on lisait ces mots : l'une après l'autre.

Avant celle du Ciel, saint Amédée eut à porter la couronne d'épines, et voici en quelles circonstances.

Le comte du Genevois, s'appelant, comme le saint Evêque, du nom d'Amédée, était alors l'avoué ou le défenseur de l'église de Lausanne. Il avait joui du même titre sous les deux évêques précédents, avait eu avec eux de graves démêlés et s'était permis des empiétements coupables. Pendant son épiscopat, saint Amédée eut à subir de la part du comte les mêmes persécutions avec des circonstances plus odieuses.

A la partie supérieure de la ville, cet ambitieux fît bâtir un château-fort d'où il put la dominer. Ensuite, se déclarant ouvertement opposé à son seigneur, il entraîna dans sa révolte une partie des sujets de l'évêché.

---

(1) Voir le P. Giry, *Sainte Catherine de Sienne*, 30 avril.

Notre Saint dut secouer la poussière de sa chaussure (1), et s'éloigner d'un lieu où il n'était plus en sûreté. Il se retira à Moudon. Mais, là aussi, il était entouré d'ennemis. On se porta contre lui à des actes de violence : sa vie fut menacée, ses habits lacérés par les armes. Chassé et dépouillé de tout, il s'enfuit nu-pieds de son dernier asile et prit le chemin de l'exil.

Vers le temps du carême, il écrivit à ses chers fils de l'église de Lausanne une lettre contenant le récit de ses épreuves, et aussi ses recommandations paternelles. Après avoir souhaité toutes sortes de bénédictions à ses enfants, il déclare qu'il lui est plus amer que la mort même de voir qu'à la honte des habitants de sa ville épiscopale et pour la ruine du peuple, on ait élevé des édifices qui menacent l'Eglise. Oubliant notre suzeraineté, oubliant l'hommage prêté, dit-il, ils ont attenté à notre vie, et sous nos yeux, ils ont fait couler le sang d'un innocent. Mais ils crient vers le Seigneur, ces vêtements pontificaux déchirés, et ces mains teintes du sang d'un ami ; de ces mains, je venais de célébrer les saints mystères ; de ces mains, j'embrassais mon ami, mais ils l'ont frappé entre mes bras, et son sang a coulé sur mon sein. Ainsi blessés, meurtris, nous sommes sortis du château, et, tout accablés d'affliction dans cette heure de ténèbres, nous avons

---

(1) Saint Math., x. 14.

pris les armes de l'humilité, et nous avons eu recours à la prière.

Pour la salutaire correction des coupables, cet écrit renfermait une malédiction contre la ville de Moudon, félonne envers son pasteur (1).

Le saint Evêque exprimait encore son ardent désir de voir revenir à de meilleurs sentiments le comte usurpateur. Nous citons : « J'aime le comte, mais je n'aime pas son péché; j'aime en lui les sacrements de la foi ; le chrétien, l'homme, mais je déteste ses crimes. Ma conscience m'est témoin, que je voudrais de mon sang effacer ses péchés, et jamais je ne cesserai de prier pour lui; car, s'il se convertit, il sera utile à l'œuvre de Dieu ; mais s'il persévère dans le mal, et espère trop de notre clémence, il éprouvera aussi la fermeté inébranlable que Dieu sait donner aux siens. »

Le bon pasteur terminait sa lettre en exhortant ses diocésains à célébrer pieusement les fêtes de Pâques. Asseyons-nous au festin, dit-il, le pain de vie nous est servi, et aussi le calice de la Rédemption.

On ne sait combien dura la séparation du pasteur et des ouailles. Le *Cartulaire de Lausanne* rapporte que la prudence et l'esprit de conciliation de saint Amédée amenèrent l'avoué à raser lui-même les

---

(1) Cette lettre a été insérée dans le *Cours complet de patrologie* de l'abbé Migne, tome 188me.

fortifications qu'il avait élevées. Les ferventes prières de l'exilé avaient obtenu ce résultat inattendu.

A peine cette difficulté était terminée, que le saint Prélat avait à en subir une autre. Celle-ci était plus délicate que la précédente, à cause de la haute dignité des personnages qui la suscitaient. Saint Amédée étant parent de l'empereur Frédéric Ier, se trouva plusieurs fois à sa cour. Il était parmi les dignitaires du monarque, et, en cette qualité, il avait assisté à la diète de Spire, en 1153. A cette occasion, il avait reçu le titre de chancelier de l'Empire et le droit en même temps de conférer et de révoquer les bénéfices, de confirmer les donations et de citer devant sa cour, en qualité de vicaire impérial, non-seulement les ecclésiastiques, mais encore les seigneurs laïques.

L'empereur, oubliant ses engagements précédents, préféra l'intérêt à l'honneur. Pour dédommager Conrad de Zœhringen de certaines concessions qu'il lui avait faites, il le nomma vicaire impérial, et lui donna l'investiture des régales dans les cités de Genève, Lausanne et Sion. Par cette disposition, l'empereur blessait les droits des évêques de ces trois villes. Celui de Lausanne en particulier, avait reçu de ses prédécesseurs une juridiction seigneuriale sur le pays de Vaud. Cependant, dit l'abbé Grémaud, si l'Evêque était incontestablement seigneur souverain de l'ancien comté de Vaud, il ne pouvait, en revanche, refuser de reconnaître la supériorité temporelle du duc-recteur dans les autres parties de son diocèse...

Saint Amédée se hâta de recourir auprès du duc de Zœhringen à des négociations qui aboutirent à un compromis satisfaisant. Le *Cartulaire de Lausanne* a conservé de cet acte les clauses les plus importantes. Entre autres engagements, le duc prenait ceux-ci : Il ne gênerait en rien la libre élection de l'Evêque ; il ne recevrait point à hommage les feudataires de l'église de Lausanne ; il promettait au contraire de prêter son aide au prélat pour recouvrer ceux de ses biens qui seraient aliénés. Le seigneur duc, ni les gens de sa suite, ne devaient prendre leur logement dans les bourgs, villages ou châteaux dépendants de l'évêché.

Le seigneur de Zœhringen, renonçait pour lui et et pour ses successeurs, à quelques priviléges et à certains droits régaliens auxquels il prétendait.

Par cet accommodement, saint Amédée voulait assurer l'indépendance et la liberté de son église.

Cette convention avec Conrad de Zœhringen fut le dernier acte important de la vie de saint Amédée. Son historien ajoute qu'il fit au chapitre de son église cathédrale une donation, prescrivant en retour que la fête de sainte Agnès serait célébrée sous le rit double. Une autre donation était faite pour les prières de son anniversaire. Par cette générosité, notre Saint voulait s'assurer une « récompense pour le jour de la nécessité suprême, où l'aumône sera le sujet d'une grande confiance devant Dieu, qui ne laissera point tomber dans les ténèbres l'âme (1) » fidèle à ce devoir. A l'exemple de notre bienheureux compatriote, faisons le bien pendant que nous avons le temps (2). Soyons miséricordieux, et nous obtiendrons miséricorde (3).

Un an environ avant sa mort, saint Amédée assista à la diète impériale de Roncaglia (4) (entre Crémone et Plaisance), tenue en 1158.

(1) Tobie, IV. 10.
(2) Gal., VI. 10.
(3) Math., v.
(4) *Rousset,* cité par M. Grémaud.

CHAPITRE VI

> Pretiosa in conspectu Domini mors sanctorum ejus.
>
> La mort de ses saints est précieuse devant les yeux du Seigneur.
>
> (Ps. 115.)

MORT DE SAINT AMÉDÉE. — SES HOMÉLIES. — SON CULTE. — CONCLUSION.

Le temps était venu pour notre Saint où, après avoir combattu le bon combat (1), gardé sa foi et celle de ses ouailles, il devait recevoir la couronne.

Après quatorze ans d'épiscopat, il tomba malade. Les médecins lui proposèrent pour sa guérison un remède contraire à la chasteté, pour laquelle il avait eu toute sa vie un attachement inviolable. Le

---

(1) II. Timothée, IV, 7.

dévoué serviteur de la Vierge très-pure, le promoteur du culte de sainte Agnès, repoussa vivement la proposition qui lui était faite. Il préférait la mort à une vie dont la prolongation eût été due à un crime.

Sentant sa dernière heure approcher, il donna l'absolution à tous ceux qu'il avait excommuniés. Il excepta de cette clémence Humbert, seigneur d'Aubonne, qu'il cita au tribunal de Jésus-Christ, pour le jour du jugement dernier, à cause des exactions dont il était coupable envers l'église de Saint-Livre. Cet acte de vigueur épiscopale avait lieu en présence du clergé et du peuple (1).

Il rendit à Dieu sa sainte âme le 11 août 1159, à l'âge de quarante-neuf ans.

La chronique du *Cartulaire de Lausanne* rapporte qu'on l'enterra dans la nef de la cathédrale, devant le crucifix.

La carrière du saint Prélat pourrait se résumer dans ces paroles de Samson : « du fort est sortie la douceur (2). » S'il était d'une fermeté invincible, quand son droit ou son devoir le commandaient, ses rapports étaient empreints d'une humilité et d'une douceur qui rendaient son accès agréable aux plus petits d'entre ses enfants dans la foi.

Saint Amédée avait légué à son église un trés-bel

---

(1) Grémaud.
(2) Juges, XIV. 4.

anneau d'or où était enchâssé un saphyr. Il avait stipulé que les évêques, ses successeurs, s'en serviraient pour les offices solennels, mais que la Cathédrale en aurait la propriété.

Il laissa un trésor plus précieux encore, c'étaient huit homélies sur la sainte Vierge. La coutume s'établit ensuite de les lire dans l'église de Lausanne, le samedi à Matines. « Si, » dit M. Grémaud, « ces » homélies ne peuvent être comparées aux chefs-» d'œuvre des premiers Pères de l'Eglise, elles ne » le cèdent pas cependant aux auteurs de son temps, » soit par la noblesse et la piété des pensées, soit » par l'élégance et la douceur du style. Elles se » ressentent, il est vrai, des défauts de son siècle ; » ainsi, parfois on désirerait plus de simplicité et » moins de recherche dans les idées et leur expres-» sion. Malgré ces défauts, elles ont été souvent » réimprimées (1). » On peut remarquer que saint Liguori en fait souvent des citations dans son livre des *Gloires de Marie*. N'est-il pas à regretter que l'auteur (2) des *Trésors de la Vierge de Nazareth*

---

(1) La première édition parut à Bâle, en 1557 ; elles ont été ensuite réimprimées à Anvers et à Saint-Omer, en 1613 ; à Cologne, en 1618 et en 1622 ; à Douai, en 1625 ; à Lyon, en 1633 et 1652 ; à Paris, en 1639, 1661, 1671, 1672 ; à Madrid, en 1648 ; à Lyon, 1677 ; à Paris, en 1855 dans la *Patrologie* de l'abbé Migne, tome 188 (Grémaud.)

(2) M. Thévenin, chanoine honoraire, curé-archiprêtre de Saint-Jean-de-Bournay.

n'ait pas fait dans cet ouvrage quelques choix pour son parterre de Marie ? Car tel est le nom qu'on pourrait donner à son livre émaillé de fleurs, aussi agréables qu'elles sont naturelles et simples.

Nous ne pourrions citer ici tout au long les homélies de saint Amédée, nous en donnons trois extraits seulement.

En voici un de la première : « Figurons-nous aux
» côtés de la sainte Vierge, deux corbeilles d'or
» remplies de fleurs et de fruits, et qui nous repré-
» sentent l'éclat des deux testaments; de l'ancien, à
» la gauche, et du nouveau, à la droite... La Vierge
» des vierges paraît entre deux, parée de fleurs
» printanières et chargée de fruits suaves. Comme
» un arbre planté au milieu du paradis, elle porte
» sa tête jusque dans le Ciel, et en reçoit une rosée
» d'où elle conçoit un fruit de salut, de gloire et de
» vie, duquel quiconque mangera vivra éternelle-
» ment. »

Plus loin, saint Amédée s'exprime ainsi : «... Où
» m'emporte l'ardeur de mon zèle? Dans le temps
» que je me propose de publier les grandeurs de
» Marie, bénie entre toutes les femmes, je publie
» celles de son fils; et, au lieu de m'étendre sur la
» beauté de l'arbre, je m'arrête à la douceur du
» fruit. Tout arbre se connaît par son fruit et par
» l'abondance avec laquelle il le porte. Comme on
» connaît le palmier par la douceur des dattes, la
» vigne par le vin, et l'olivier par l'huile..., ainsi

» la gloire du Fils se communique à la Mère, que la
» maternité divine comble d'honneurs »

Nous extrayons de la deuxième homélie un passage relatif à la couronne de Marie :

« La première (couronne) brille sur la tête redou-
» table du Seigneur de l'univers. La seconde est
» échue en partage à sa Mère, qui règne sous lui,
» comme les saints règnent sous elle. Sa couronne
» a la douceur et la beauté de tous les fruits, la rou-
» geur des roses, la blancheur des lis, la paleur des
» violettes, la verdeur des lauriers, l'épaisseur des
» palmiers et l'abondance des olives (1). »

Les homélies de notre Saint (2) furent l'occasion d'une légende que nous avons indiquée en commençant et dont nous soumettons le récit à qui de droit. La sœur de saint Amédée (3) l'ayant prié de lui re-

---

(1) Cette description paraît tout d'abord fondée sur des subtilités. Elle peut cependant fournir au prédicateur qui veut en faire usage, des déductions faciles, et la réflexion lui fait découvrir dans ces paroles de saint Amédée, les emblèmes des vertus et des gloires de Marie.

Les roses figurent son martyre, les lis désignent sa pureté sans tache, les violettes annoncent son humilité, les lauriers et les palmes sont les marques de son triomphe.

(2) Dans un excellent résumé de la vie de saint Amédée, la *Semaine Religieuse* du diocèse de Grenoble avait cité un long passage de la 8ᵐᵉ homélie : *Gloire de Marie, puissance de sa protection* (30 janvier 1873.)

(3) Saint Amédée avait une sœur religieuse, probablement dans le monastère dit de Valle.

mettre ses homélies, il les lui envoya à la condition qu'elle lui remettrait une portion d'un présent que lui avait fait la sainte Vierge. Elle lui fit porter un gant de laine, qui fut placé parmi les reliques de sainte Marie, à Lausanne. L'auteur de la *Chronique du Cartulaire* ajoute qu'il l'a vu de ses propres yeux, et qu'on lui a raconté un miracle opéré par ce saint objet. Le rédacteur du *Manuscrit de Moudon* dit, de son côté, qu'on pouvait encore le voir de son temps, c'est-à-dire au commencement du XVIe siècle (1).

Quand on croit à la toute-puissance suppliante de Marie, quand on la regarde comme ayant pour nous, dit notre Saint (2), les sentiments de la plus maternelle affection, ce miracle de bonté ou plutôt de condescendance, paraîtra aussi digne de croyance que tant d'autres opérés par la douce et clémente Mère des hommes. Ecoutons saint Amédée lui-même : « Les exemples des effets de la bonté de la sainte Vierge sont fréquents et connus de tout le monde... Nous pouvons être assurés que, par l'intercession de

---

(1) Cum homilias suas nulli mortalium adhùc manifestasset, sollicitatus tamen a sorore sanctimoniali virgine religiosâ, quatenus cum ea jucundum illud munusculum communicaret, annuit frater sororis desiderio ea conditione ut illa jucundum quoque munusculum quod a gloriosa Virgine accepisset, vicissim impertiret. Misit continuo soror laneam chirothecam a B. Virgine acceptam, quæ in præsentem diem Lausannæ in Reliquario sacro Virginis Mariæ visitur, quamplurimis laudata miraculis.

(2) 8me homélie.

la sainte Mère de Dieu, de fréquents miracles, d'innombrables bienfaits et d'ineffables consolations aboderont continuellement sur la terre jusqu'à ce que ce monde vieilli finisse au moment où commencera le règne qui n'aura pas de fin (1). »

La vénération publique plaça bientôt saint Amédée au nombre des bienheureux; c'est avec ce titre qu'il est mentionné au *Ménologe* de Citeaux, et dans le *Journal des Saints* de cet ordre. La congrégation des Rites permit aux religieux de Citeaux de célébrer son office sous le rit double, et cette permission fut confirmée par le pape Clément XI, le 25 septembre 1710. A la demande de Mgr Hubert de Boccard, évêque de Lausanne, le pape Benoît XIV, par un bref du 12 décembre 1710, étendit au diocèse de Lausanne l'autorisation de célébrer cet office; et, depuis lors, la fête de saint Amédée (2) fut célébrée dans ces contrées, le 28 janvier (3). C'est à ce même jour qu'elle est fixée dans le Propre des Saints du diocèse de Grenoble, et la population de Chatte la solennise en se pressant pieusement au pied des autels. Le culte de saint Amédée (4) y est rehaussé en cette occa-

---

(1) 8ᵐᵉ homélie.

(2) Grémaud.

(3) (Un décanat ou archiprêtré du diocèse de Fribourg porte le nom de notre Saint, et dans l'église d'Assens, un autel est sous son vocable.)

(4) Ce serait le cas de rappeler les termes de canonisation équivalente que cite le R. P. Bellanger, dans son livre sur la bienheureuse Béatrix d'Ornacieux.

sion par les cérémonies de l'adoration perpétuelle, établie par Mgr Ginoulhiac, de vénérée mémoire.

Nous pourrions terminer ce livre par les paroles du P. Félix, que M. Varnet a choisies comme épigraphe de ses savantes recherches sur saint Theudère : *Mon Dieu, donnez-nous des saints!* Celles de Tobie : *Nous sommes les enfants des saints* (1), nous semblent plus encourageantes.

C'est sous la figure de sept étoiles que saint Hugues, évêque de Grenoble, aperçut en songe saint Bruno et ses compagnons. Ne pouvons-nous pas nous servir de cette image, et dire que l'histoire du diocèse auquel nous appartenons (2) est constellée de saints?

Ils sont à nous, les uns par leurs exemples et leurs travaux, comme saint Bruno et saint Hugues (3) dont il vient d'être question ; les autres, par leur naissance, comme saint Amédée ; Saint Amat, abbé de Remiremont, né dans un des faubourgs de Grenoble; saint Ismidon, évêque de Die, né à Sassenage; saint Theudère, né à Arcisse (canton de Bour-

---

(1) Tob., VIII, 5.

(2) Nous entendons parler des limites actuelles du diocèse de Grenoble, composé d'une partie notable de l'ancien diocèse de Vienne et de quelques paroisses de celui de Die. Il s'étendait anciennement dans la Savoie, et le village de Bourdeau, sur les bords du Bourget, non loin d'Haute-Combe, faisait partie de son territoire.

(3) La vie de saint Hugues a été écrite par M. Albert Du Boys.

goin); saint Mamert et saint Aignan, le premier, évêque de Vienne; le second, évêque d'Orléans, nés à Saint-Agnin (1) (canton de Saint-Jean-de-Bournay); le bienheureux Just, de Salaise (canton de Roussillon); la bienheureuse Béatrix, d'Ornacieux (2) (canton de la Côte-Saint-André). D'autres, comme saint Crescent, disciple de saint Paul et évêque de Vienne; saint Adon, aussi évêque de Vienne, du pays de Sens; saint Domnin, évêque de Grenoble; saint Cérat, de même évêque de Grenoble, dont le lieu natal n'est indiqué que par l'appellation de contrée des Allobroges, qui est la nôtre; saint Pierre de Tarentaise, né dans les environs de Vienne; saint Appolinaire, évêque de Valence, et son frère Avit, évêque de Vienne, originaires de l'Auvergne; saint Sévère qui vient des Indes; saint Léonien, de la Lannonie; saint Apre, des environs de Sens (ou de la Gaule Sénonaise), curé de la Terrasse (canton du Touvet); saint Hugues, abbé de Bonnevaux, natif de Valence; saint Anthelme, général des Chartreux, né à Chignin (Savoie); ceux-ci, disons-nous, ont sanctifié par leur sainte vie les parages où nous vivons. D'autres, enfin, nous ont laissé le souvenir d'un glorieux com-

---

(1) Agnan était frère de saint Mamert, et le Viennois était sa patrie, étant né dans une paroisse de la baronnie de Maubec, où il est révéré sous le nom de saint Agnin. (Nicolas Chorier *Histoire du Dauphiné.*)

(2) Le R. P. Bellanger a écrit sur la bienheureuse Béatrix un livre intéressant.

bat pour la foi ; comme saint Ferjus, évêque de Grenoble, mis à mort sur le mont Esson (où est aujourd'hui le fort Rabot), et enseveli à la Tronche ; les soldats, saint Julien et saint Ferréol, les saints Sévérin, Exupère et Felicien, saint Didier, évêque, illustres martyrs de Vienne.

Après cette énumération qui est loin d'être complète, ne devons-nous pas penser à la question que se faisait à lui-même saint Augustin : Ne pourrai-je donc ce qu'ont pu ceux-ci et celles-là, c'est-à-dire, ces saints et ces saintes? Une vie conforme à la foi nous est-elle impossible? Saint Amédée, ceux de sa famille, et nos autres saints, étaient-ils d'une autre nature que nous? Plusieurs d'entre eux ne sont-ils pas nés sous le même ciel, n'ont-ils pas respiré le même air et foulé la même terre? Faut-il objecter que nous vivons aujourd'hui au milieu de l'athéisme pratique, parmi les impies et les blasphémateurs? Faut-il perdre courage, parce que les catholiques sous le nom de cléricaux sont enveloppés des haines populaires? Faut-il désespérer d'une époque où, par une perversion déplorable des idées, on attribue aux ministres des autels la cause des calamités publiques dont autrefois on rendait responsables les Juifs, descendants des bourreaux de Jésus-Christ? Non. Adoptons la devise de saint Paul, évangélisant les infidèles : « *In omni patientâ et doctrinâ* (1). » Notre doctrine et notre patience finiront par triompher.

(1) II. Timoth., IV, 2.

C'est par la foi, dit encore saint Paul, que les saints ont vaincu les empires (1). Or, nous avons encore pour compatriote saint Hugues, né à Avallon, près de Pontcharra, tout à la fois chanoine régulier de Villard-Benoît et curé de Saint-Maximin (canton de Goncelin). Il voulut ensevelir dans une humble cellule de la Grande-Chartreuse son mérite et son talent. Il n'y réussit pas. Il fut appelé à l'évêché de Lincoln. Sa foi lui donna vis-à-vis des puissants une fermeté si grande pour le maintien de ses droits, qu'on l'appela le Marteau des rois. Ayons cette foi en Dieu ; les opinions fausses, les sophismes, l'incrédulité qui semblent régir le monde, à cette heure, viendront, sans que nous ayons besoin de frapper, se briser contre notre croyance. *Per fidem vicerunt.*

A. C.

(1) Hébr., xi, 33.

RENVOIS ET ANNOTATIONS.

Dernier alinéa de la Préface, lisez : complété, au lieu de continué.

Page I (Introduction). Dans le langage liturgique, on entend par légende la partie narrative ou historique de l'office d'un saint.

Il n'est nullement question de récits merveilleux fondés sur des données plus ou moins certaines.

Page 22, à la 2ᵉ note, lisez : nous pourrions, au lieu de nous pourrons.

Page 50, 2ᵉ alinéa, lisez : avec le respect qui t'est dû.

NOTES HISTORIQUES

Nous ajoutons à la suite de la vie de saint Amédée quelques notes historiques sur des personnages ou des faits qui concernent le passé de Chatte.

Les Guerres de Religion.

Pendant les quarante ans que les guerres de religion désolèrent le Dauphiné, des Adrets, après avoir échoué devant la Côte-Saint-André, se dirigea sur Saint-Marcellin.

En 1566, la guerre civile recommença. Le baron des Adrets avait été remplacé par Montbrun. Les protestants, maîtres de la plupart des villes réunies en fédération, étaient au nombre de plus de six mille à Saint-Marcellin, lorsque de Gordes, successeur de Maugiron, résolut de s'emparer de cette place. Cardé, lieutenant de Montbrun, s'empressa de venir la défendre avec quinze compagnies, et deux combats furent livrés près de la ville, *sous le château de Chatte*, les

20 et 22 novembre. La victoire fut vivement disputée, mais toujours Cardé, vaincu, fut obligé de se réfugier dans Saint-Marcellin, où même il n'aurait pu tenir longtemps sans un secours de dix-sept mille hommes qui força les catholiques à la retraite.

A. Clément.

En démolissant une muraille dans le jardin du modeste presbytère on a trouvé deux biscaïens. La bataille ici racontée explique pourquoi.

Le Président Expilly.

Le président Expilly, né à Voiron, avait à *Chatte*, mas de la Poëpe, une maison de campagne. Son épouse étant morte, « pour n'obmettre rien des honneurs funèbres qui estoient » deus à vne personne si chère, il luy fit dresser encore vn » monument dans vne autre Chappelle, en l'Eglise Parois- » siale de Chaste, au Baillage de Saint-Marcellin, proche de » sa maison de la Poëpe, laquelle Chappelle la défunte auait » fait rebastir dès les fondements ; là, il fit peindre leurs » armes à costé d'une inscription latine. »

« S'estant mis en estat d'aller, au commencement de » décembre de la mesme année (1628), assister aux couches » de la Dame de Chabrillan, sa petite-fille ; comme il (Ex- » pilly) descendait par la riuière de l'Isère, il fut atteint » d'vne grâde fièvre qui l'obligea de s'arrester dans sa mai-

» son de la Poëpe, où il se mit au lit et tomba périlleuse-
» ment malade. »

« L'année 1629, la guerre s'étant furieusement allumée
» en Italie, et Sa Majesté enuoyant vne puissante armée au
» secours du duc de Mantoue, que l'Empereur et le Roy
» d'Espagne menaçaient de dépouiller entièrement de ses
» Estats ; le passage des trouppes dans le Dauphiné, y causa
» tant de désordre et tant de dégasts, que la peste et la
» famine faillirent à désoler cette pauure Province : Greno-
» ble, qui en est la capitale, en fut très-affligée, ce qui
» obligea les plus qualifiez d'en sortir ; nôtre Président fut
» du nombre et se retira auprès de sa petite-fille, tandis que
» son mari suiuait le Roy en Piedmont, en Languedoc et en
» Viuarais ; il demeura à Chabrillan, ou dans sa maison de
» la Poëpe, iusqu'au printemps de l'année 1630. »

« Il (Expilly) estait touché d'vne singulière vénération
» pour l'ordre des Chartreux, qu'il appelait les anges du
» désert, et pour les Religieux de la Compagnie de Jésus,
» qu'il disait estre les athlètes de la Religion et de la Foy ;
» ce mur d'airain que la Prouidence de Dieu auait opposé
» aux plus redoutables efforts de l'hérésie, et ces ouvriers
» infatigables et zélez de la vigne du Seigneur, dont ils
» auaient porté et portaient incessamment les plants ius-
» qu'au fond des Indes, et dans les contrées de l'vnivers les
» moins connues et les plus éloignées. »

A. Boniel de Cathilon.

Grenoble, chez Philippe Charruys, libr. imprim. place
Mal-Conseil, 1760.

La Soierie.

François Jubié, né à Saint-Jean-de-Bournay, en Dauphiné, marchand fabricant d'étoffes d'or et d'argent, fixé à Lyon, attiré dans sa province natale par les nombreux avantages qu'y présentaient l'éducation des vers à soie et la culture des mûriers, forma d'abord un tirage de soies à la piémontaise, à *Chatte*, près de Saint-Marcellin, en 1702. Secondé par le ministère, qui commençait à favoriser cette nouvelle branche d'industrie, Jubié conçut bientôt le projet d'une manufacture en grand qu'il résolut d'établir à la Sône. Il en obtint l'autorisation du gouvernement en 1705, ainsi que la concession du terrain nécessaire à son entreprise ; il fit venir d'habiles ouvriers du Piémont, et la même année s'éleva cette manufacture devenue le modèle de toutes celles de ce genre, qu'on créa depuis en France.

A l'établissement de la Sône, se rattache, à une époque plus rapprochée de nous, un nom célèbre dans les fastes des progrès de l'esprit humain, celui de Vaucanson, de ce génie supérieur à qui le Dauphiné se glorifiera longtemps d'avoir donné le jour.

J.-J.-A. Pilot.

FIN.

TABLE DES MATIÈRES

	Pages.
Préface	V
Introduction	IX

Chapitre premier. — Une famille de saints. — Amédée d'Hauterive conduit à Bonnevaux son fils âgé de neuf ans.. 1

Chapitre II. — Le père du jeune Amédée le retire de Bonnevaux et le mène à Cluny où il se fixe lui-même. — Réflexions à propos des magnificences de Cluny dans le culte rendu à Jésus-Christ. — Le jeune Amédée est envoyé en Allemagne; son père revient à Bonnevaux.................. 12

Chapitre III. — Saint Amédée, religieux de Clairvaux, est ensuite nommé Abbé d'Haute-Combe. — Emplacement primitif du Monastère. — Considérations sur l'harmonie entre la vie religieuse et les sites choisis par les Moines................. 23

Chapitre IV. — Saint Amédée, évêque de Lausanne et prince temporel. — Les biens temporels sont-ils nécessaires aux églises ou aux prêtres? — Ordonnances du saint Evêque. — Il est obligé d'accepter la tutelle du prince Humbert III et d'en être le précepteur... 41

Chapitre V. — Le défenseur de l'église de Lausanne se rend coupable d'usurpation et de rebellion envers saint Amédée. — Saint Amédée exilé écrit à ses diocésains. — Son retour. — Démêlés avec le duc de Zœringhen.................................. 72

Chapitre VI. — Mort de saint Amédée. — Ses homélies. — Son culte. — Conclusion.......... 79

Notes historiques. — Les guerres de religion. — Le président Expilly. — La Soierie.. 91

FIN DE LA TABLE.

www.ingramcontent.com/pod-product-compliance
Lightning Source LLC
Chambersburg PA
CBHW070515100426
42743CB00010B/1834